Michael Erle

Mit Bahn und Bike

28 Radtouren
in der Region Karlsruhe

verlag regionalkultur

Vorwort

Radlergligg
Nuff uff's Rädle, naus in d' Weld,
in d' Pedale un des wie
dordno wo's die Hiegl welld,
ziegd's uns Radler hie.

Buggel nuff un wiedder runner
dun im leichde Dridd uns wiege,
gnieße rundrum 's Weldewunner,
wenn ma nur koin Bladde griege!

(Michael Köhler)

Ist das kleine Gedicht von Michael Köhler nicht ein herrlicher Appetitanreger, sich auf seinen Drahtesel zu schwingen, um die schöne und ungemein abwechslungsreiche Umgebung von Karlsruhe kennenzulernen?

Sicherlich sind den meisten von Ihnen die Wandertipps ein Begriff, die jeden Donnerstag in den „Badischen Neuesten Nachrichten" (BNN) veröffentlicht werden, darunter befinden sich auch etliche Radtouren in der Region Karlsruhe, die ich in den letzten Jahren für die BNN verfasst habe und die den Grundstock dieses Radwanderführers bilden. Sie wurden alle überarbeitet und auf den neuesten Stand gebracht, daneben werden Sie viele brandneue Radtouren finden, die bislang noch nicht veröffentlicht wurden.

Karlsruhe ist ein idealer Ausgangspunkt für Radwanderungen in der näheren und weiteren Umgebung, von der Südpfalz über die Rheinebene und den Kraichgau bis zum nördlichen Schwarzwald, gibt es unzählige Möglichkeiten, die Region per Drahtesel zu erkunden. Entsprechend der Geländestruktur werden Sie bequeme Touren ohne größere Höhenunterschiede vor allem in der Rheinebene finden. Dank der hoch gelegenen Ausgangspunkte gibt es auch bei einigen Tälertouren wie z. B. bei der Tour de Murg oder dem Nagoldtalradweg nur wenige Anstiegs- bzw. Höhenmeter zu bewältigen. Die Touren im Kraichgau, dem „Land der 1000

Hügel", und im Schwarzwald erfordern dann schon ein höheres Maß an Kondition, sind aber alle auch von einem Normalradfahrer zu bewältigen. Leichter geht es natürlich mit einem Pedelec, also einem Rad mit elektrischem Hilfsmotor.

Besondere Schmankerl sind zwei Radtouren, die auf der Hornisgrinde, also dem höchsten Punkt des Nordschwarzwaldes, starten. Sie verdanken wir dem Radwanderbus, der in den Sommermonaten an den Wochenenden die Radler samt ihren Drahteseln vom Bahnhof Achern über den Mummelsee hinauf bis zum Hornisgrindeturm befördert.

Beachten Sie bitte, dass es sich bei den meisten Radwanderungen um Streckentouren handelt, sodass man in jedem Falle auf öffentliche Verkehrsmittel wie S- oder Regionalbahnen angewiesen ist. Bei allen für den Radwanderführer relevanten Verkehrsverbünden ist die Fahrradbeförderung an Wochenenden ganztägig und Montag bis Freitag ab 9 Uhr kostenlos, vor 9 Uhr benötigt man eine Fahrradkarte. Wer ein Deutschlandticket besitzt, braucht sich ansonsten keine Gedanken über den Fahrkartenkauf zu machen, für alle anderen kommen meistens die preiswerten Tageskarten in Frage, die alle Verkehrsverbünde im Angebot haben. Ich habe bewusst auf genaue Fahrplanangaben verzichtet, da diese erfahrungsgemäß schnell veralten. Deshalb empfehle ich Ihnen, vor jeder Tour die entsprechenden Fahrpläne zu studieren, z. B. im Internet unter www.efa-bw.de, oder sich unter der KVV-Servicenummer 0721/61075885 telefonische Auskunft einzuholen. Mit einem Smartphone und der Bus&Bahn-App kann man auch unterwegs eine aktuelle Fahrplanauskunft erhalten. Da die Angaben zu Einkehrmöglichkeiten häufig veralten, empfehle ich auch in diesem Falle, rechtzeitig vor der Tour entsprechende Erkundigungen einzuholen, wenn man unterwegs eine Einkehr plant.

Ich habe ebenfalls bewusst auf Zeitangaben verzichtet, denn die benötigte Zeit hängt in hohem Maße vom individuellen Leistungsvermögen und von der Beschaffenheit des Fahrzeugs ab. Ich empfehle, vor allem wenn Kinder dabei sind, reichlich Zeit einzuplanen: Die Naturschönheiten und

Sehenswürdigkeiten der meisten Touren verdienen es, dass man sich genügend Zeit lässt.

Bei jeder Tour sollten Sie eine gute Radwanderkarte mitnehmen, die Kartenausschnitte des Führers können nur zur groben Orientierung dienen. **Die GPX-Dateien** zu den Touren dieses Führers finden Sie sowohl auf meiner Webseite (www.michael-erle.de) als auch auf der Webseite des Verlages (www.verlag-regionalkultur.de). Auf Seite 9 finden Sie finden sie einen QR-Code zum Herunterladen der GPX-Dateien auf Ihr Smartphone. Mit ihnen und einem entsprechenden Programm (z. B. AllTrails) kann man sich am Computer den genauen Wegverlauf ansehen, und mit einem wandertauglichen GPS-Gerät (z. B. von Garmin) oder einem Smartphone und einer passenden App (z. B. MAPS.ME oder Komoot) kann man sich während der Radtour von Wegpunkt zu Wegpunkt leiten lassen.

Ein besonderes Dankeschön gilt dem Ettlinger Mundartdichter Michael Köhler, der sich zu einigen originellen Gedichten inspirieren ließ.

Nun noch ein paar **kleine Tipps** für Ihre Radtour:

Zu Ihrer eigenen Sicherheit sollten Sie immer mit Schutzhelm und am besten auch mit Schutzbrille fahren.

Sehr praktisch ist ein Kartenhalter für die Lenkstange, sodass man bei Bedarf die Karte oder den Führer immer vor Augen hat.

Beachten Sie bitte, dass in Baden-Württemberg nur auf Wegen von mindestens 2 m Breite gefahren werden darf, es sei denn, sie sind speziell als Rad- oder Mountainbikestrecken gekennzeichnet.

Die Touren verlaufen fast ausschließlich auf ausgewiesenen Radwegen, die aber manchmal gleichzeitig als Fußwanderwege markiert sind; in diesen Fällen bitte ich Sie, vor allem an unübersichtlichen Stellen, vorausschauend zu fahren und sich Fußgängern gegenüber entsprechend rücksichtsvoll zu verhalten.

Passen Sie auf abschüssigen Schotterwegen Ihr Tempo den Wegverhältnissen an, insbesondere in Kurven besteht erhebliche Rutschgefahr!

Eingedenk des Gedichtes von Michael Köhler sollten Sie immer eine Luftpumpe und Flickzeug dabeihaben.

Da die Angaben eines Wanderführers fast ständig Veränderungen unterworfen sind, kann für die Richtigkeit keine Gewähr übernommen werden. Auch lehrt die Erfahrung, dass bei aller Sorgfalt Irrtümer nie ganz zu vermeiden sind. Für Berichtigungen und Verbesserungsvorschläge ist die Redaktion stets dankbar, sie werden bei der nächsten Neuauflage berücksichtigt. **Korrekturhinweise** senden Sie bitte an folgende Anschrift:

verlag regionalkultur
Bahnhofstraße 2
76698 Ubstadt-Weiher
kontakt@verlag-regionalkultur.de

Nun wünsche ich Ihnen viel Freude auf Ihren Fahrradtouren durch die Region Karlsruhe.

Ettlingen, im Frühjahr 2024
Michael Erle

Vorschläge für Mehrtagestouren:
Ü = Zwischenübernachtung
iuR = in umgekehrter Richtung

1 oder 2 und 10 oder 11 mit Ü in Wissembourg
3 iuR und 5 und 9 iuR mit Ü in Bruchsal und Germersheim
7 iuR und 8 mit Ü in Leopoldshafen
18 und 12 iuR mit Ü in Karlsruhe
22 und 20 mit Ü in Ettlingen
16 und 6 mit Ü in Bretten
28 und 19 mit Ü in Pforzheim
25 und 14 mit Ü in Baden-Baden

Die Touren

blau = leicht, rot = mittelschwer, **schwarz** = schwer

ANLEITUNG

Die **GPX-Dateien** zu den Touren dieses Führers können Sie hier und auf verlag-regionalkultur.de herunterladen.

GPX-TRACKS

Streckenradtour von Hinterweidenthal über Dahn nach Wissembourg

1

Auf dem deutsch-französischen Pamina-Radweg Lautertal, 1. Teil

↦ **32–36 km**

180 Hm

Von Hinterweidenthal über Dahn, Bruchweiler, Bundenthal und Weiler nach Wissembourg

leichte Radtour auf asphaltierten Wegen mit wenigen, ganz kurzen und wenig steilen Steigungen

Wieslautertal; ND Teufelstisch und Schillerfelsen; Burgruine Neudahn; Falkenmühle; Wissembourg

Landgasthaus „Am Teufelstisch“ (Do Ruhetag); Gaststätte „Am Neudahner Weiher“ (Do Ruhetag) sowie in allen Orten am Wegesrand

Der Pamina-Radweg Lautertal begleitet die Lauter, die bis Wissembourg Wieslauter heißt, nahezu auf ihrem gesamten Verlauf aus dem Pfälzerwald ab Hinterweidenthal bis zur Mündung in den Rhein. Da der bestens ausgeschilderte Weg fast ohne Steigungen verläuft, ist er sehr einfach zu befahren, aber mit rund 60 km Länge doch ein recht langes Tagesprogramm. Ich habe ihn deshalb in zwei Teiletappen aufgeteilt. Der hier besprochene Abschnitt bis Wissembourg ist 32 km lang und weist nur ganz wenige und kurze Steigungen auf. Er eignet sich daher bestens als Familienausflug mit älteren Kindern, ebenso wie die als Tour 11 beschriebene zweite Teiletappe bis Lauterbourg bzw. Wörth. Die wunderschöne und abwechslungsreiche Radwanderung durch das Dahner Felsenland weist auch etliche Sehenswürdigkeiten auf wie den berühmten Teufelstisch, den Schillerfelsen, den Planetenweg oder die historische Falkenmühle in Bundenthal; und am Ziel wartet das schmucke Elsässer Städtchen Wissembourg auf uns. Die im 7. Jahrhundert gegründete Stadt mit ihren malerisch an den Ufern der Lauter gelegenen Patrizierhäusern und ihren imposanten Befestigungsmauern besitzt einige sehenswerte Gebäude, so das Salzhaus oder die gotische Kirche St. Peter und Paul mit ihrem Kreuzgang.

Auf dem Wieslauter-Radweg.

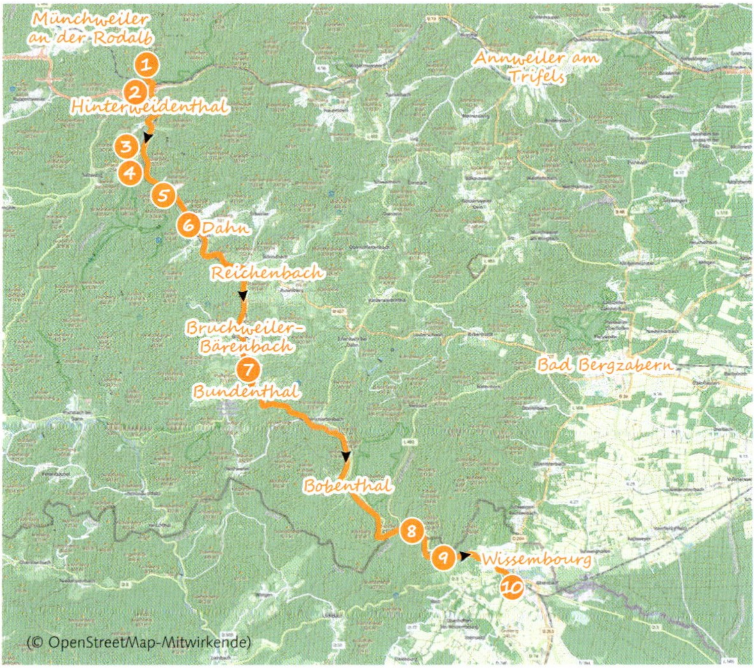

Vor dem **Bahnhof Hinterweidenthal** 1 sehen wir schon das Zeichen des **Pamina-Radwegs Lautertal** sowie den ersten der Wegweiser nach Wissembourg. Sie werden uns bis zum Ziel zuverlässig den Weg weisen. Wir biegen links ab, nach der Unterführung links und nach dem Bahnübergang rechts und treffen 150 m weiter auf den nächsten Radwegweiser. Bevor wir weiter Richtung Wissembourg fahren, sollten wir uns einen kleinen Abstecher zum Teufelstisch gönnen: rechts ab („Teufelstisch 0,6 km"), beim Parkplatz des Landgasthauses „Am Teufelstisch" nach rechts und nun zu Fuß den Markierungen nach, zum Schluss über viele Treppen hinauf zum **Naturdenkmal Teufelstisch** 2.

Wieder zurück auf dem Lautertal-Radweg fahren wir immer den Schildern „Wissembourg" und Radwegzeichen nach aus dem Ort und auf wunderschönem Weg parallel zu den Gleisen der Wieslauterbahn. Auf ihnen verkehrt von April bis Oktober mittwochs, samstags und sonntags der von den Dahner Eisenbahnfreunden unterhaltene „Bun-

Der Teufelstisch

Eine übernatürliche Sage umgibt das gewaltige Steinmonument, das als Wahrzeichen im Dahner Felsenland steht. Wenn man ihr Glauben schenken mag, kam es wie folgt zu dessen Entstehung: Der Teufel spazierte eines Nachts durch die Region; hierdurch nunmehr müde und hungrig geworden, suchte er nach einem Rastplatz. Den gesamten Pfälzerwald durchforstete er, seine zunehmend glühenden Augen konnten aber keine Stelle finden, die seinen Ansprüchen gerecht wurde. Von Wut und Zorn ergriffen, schnappte er sich drei große Felsbrocken und errichtete aus ihnen einen Tisch. Nachdem der Teufel dort gespeist hatte, brach er wieder auf und ließ den Tisch zurück.

Am nächsten Morgen, als die Sonnenstrahlen die Nacht vertrieben hatten, erblickten die Menschen das Werk. Angesichts der schieren Größe waren sich viele sicher: „Es muss der Teufel hier gespeist haben!" Ein Einziger nur gab sich ungläubig und mutig: „Das kann nicht sein! Wenn dem so ist, dann will ich in der folgenden Nacht sogleich mit ihm speisen." Als die Sonne hinter dem Horizont langsam verschwand, zog der junge Mann los. Um Mitternacht unterbrach ein bitterlicher Schrei in weiter Ferne die nächtliche Stille. Der Wagemutige ward nie wieder gesehen und die Felsformation erhielt ihren Namen – „Teufelstisch".

Deifelsdisch

In de blaue Himml schdrebe
Felseschdigger, rode Schdoi.
Dun e digge Bladd do hebe
un de Mensch devor so gloi.

Winn fahrd in die Danne nei,
hefdich heerd mer's grache.
Wahrscheins kommd de Deifl glei
un will Veschber mache.

(Michael Köhler)

Kneippanlage beim Schillerfelsen.

denthaler", einer der schönsten Ausflugszüge Deutschlands, zwischen Hinterweidenthal und Bundenthal-Rumbach. Hier beginnt mit dem „Merkur" auch ein **Planetenweg,** wobei die Entfernungen zur Sonne im Maßstab 1 zu 700 Millionen dargestellt sind, sie schrumpfen beim Merkur auf 80 m und beim Zwergplaneten Pluto auf 6,5 km. Auch beim nächsten Radwegweiser kann man kleine Abstecher unternehmen: entweder rechts ab auf dem Sträßchen Richtung Fischbach am **Neudahner Weiher** 3 entlang zur Gaststätte „Am Neudahner Weiher" (Einkehrmöglichkeit) oder halbrechts zu Fuß dem roten Balken nach hinauf zur **Burgruine Neudahn** 4.

Wir radeln Richtung Wissembourg am ND **„Schillerfelsen"** 5 bei einer Kneipp-Anlage vorbei zum **Bahnhaltepunkt „Dahn Süd"** 6. Hier kann man mit einem kurzen Abstecher nach links ins Zentrum von **Dahn** gelangen. Weiter geht's auf dem abwechslungsreichen Wieslauter-Radweg

INFOS

Top-Sternkarte 1:40 000 „Pfälzerwald Süd"; Natur-Navi Wanderkarten 1:25 000, Blätter 7 und 8

www.am-teufelstisch.de; www.gaststaette-am-neudahner-weiher.de; www.dahn.de; www.dahner-felsenland.net; www.bonjour-elsass.de/wissembourg; www.efa-bw.de (Fahrplanauskunft)

ab Karlsruhe Hbf. mit dem RE Richtung Neustadt bis Landau und weiter mit dem Regionalzug nach Hinterweidenthal; Rückfahrt ab Wissembourg mit dem Zug über Winden nach Karlsruhe durch **Bruchweiler-Bärenbach** und **Bundenthal** 7, der Endstation der Wieslauterbahn, an der historischen **Falkenmühle** vorbei durch **Bobenthal.** Bei der **Siebenteilbrücke** 8 überschreiten wir die Grenze nach Frankreich und gelangen über St. Germanshof und **Weiler** 9 nach **Wissembourg.** Hier folgen wir den Radwegschildern „Centre Ville" an der Lauter entlang ins Zentrum des hübschen Städtchens. Dort halten wir uns beim Rathaus rechts, fahren bis zum großen Kreisel und von hier nach links zum **Bahnhof** („Gare") 10.

Das Dahner Felsenland

Das Dahner Felsenland ist in der Pfalz wohl eine der beliebtesten Urlaubsregionen. In jeder Jahreszeit ist für Urlauber und Tagesausflügler aller Altersklassen etwas geboten: einmalige Felsenlandschaften mit Mountainbiketrails, herrliche Wanderwege mit atemberaubenden Aus- und Weitsichten, ein breites gastronomisches Angebot. Bunte Wälder sind durchzogen von schmalen, verwunschenen Pfaden, die die Besuchenden auch an offenen Tälern, klaren Bächen und malerischen Dörfern vorbeiführen. Überall gibt es etwas zu entdecken, ganz gleich ob für Sportskanonen oder Erholungssuchende, Naturfreunde oder Freizeitsportler – alle fühlen sich hier gleichermaßen wohl. Neben der idyllischen Natur werden Träume im Badeparadies und Sehnsüchte nach Komfort in der 5-Sterne-Saunalandschaft wahr. Kulturell lassen sich gut erhaltene Burgen oder deren Ruinen oder Fundamente finden, da sich das „Dahner Felsenland" direkt an der Grenze zu Frankreich befindet. Auch mystisch kann es werden: Im Schutz des Waldes lebt das Fabelwesen „Elwetritsche". In der Nacht ziehen dessen Jäger mit Stock und Jutesack bepackt durch die Landschaft, um den Nationalvogel einzufangen. Typisch pfälzisch wird dabei gegessen, getrunken und gelacht – und bei erfolgreicher Jagd auch gefeiert (siehe auch Tour 9).

Wissembourg

Weißenburg (frz. Wissembourg) entwickelte sich nach der Klostergründung im 7. Jahrhundert nach und nach zu einer Siedlung und wurde 1306 vom Kaiser zur Reichsstadt ernannt. Diesen Status der Reichsunmittelbarkeit verlor Weißenburg 1697. Im Westfälischen Friedensvertrag fiel die Stadt an Frankreich. Bei der Schlacht von Weißenburg 1871 verloren die französischen Truppen gegen die preußischen, die Stadt fiel nun wieder an das Deutsche Reich, allerdings nur bis zum Ende des Ersten Weltkriegs, in dessen Folge es wieder französisch wurde. Im Zweiten Weltkrieg wurde das Elsass an das Deutsche

Reich angeschlossen und schließlich nach 1945 wieder französisch. Wichtige Sehenswürdigkeiten der Stadt: die gotische Kirche Saints-Pierre-et-Paul mit ihrem romanischen Glockenturm und den gut erhaltenen Wandmalereien aus dem 14. Jahrhundert. Eine Besonderheit ist die Orgel aus dem Jahr 1766. Vom ehemaligen Kloster ist nur noch ein gotischer Kreuzgang zu sehen. Weiterhin sehenswert sind die protestantische Kirche Saint Jean sowie das Salzhaus aus dem 15. Jahrhundert, das klassizistische Rathaus und die Befestigungsmauern.

Stadtszenen von Wissembourg.

Von Siebeldingen-Birkweiler über Bad Bergzabern nach Wissembourg 2

Auf dem Radweg Deutsche Weinstraße

35 km

500 Hm

Von Siebeldingen-Birkweiler über Leinsweiler, Klingenmünster, Bad Bergzabern und Schweigen nach Wissembourg

anspruchsvolle Tour mit unzähligen kurzen, teilweise steilen An- und Abstiegen

Stadtbilder von Bad Bergzabern und Wissembourg; viele schöne Weinorte; Burg Landeck; Westwallmuseum in Bad Bergzabern

in allen Orten am Wegesrand; Burg Landeck (1,8 km Abstecher)

Sanftes Weinland, üppige Obstplantagen, der Pfälzerwald mit stillen Tälern und murmelnden Bächen und ein mediterranes Klima – das bietet die Deutsche Weinstraße. Der Radweg Deutsche Weinstraße war die erste Weintouristikroute Deutschlands, er beginnt im Norden bei Bockenheim (Nähe Worms) und endet nach ca. 85 km an der französischen Grenze in Schweigen. Die hier vorgestellte Radtour entspricht dem letzten Drittel dieses Radweges und führt über das Deutsche Weintor noch weiter bis zum nordelsässischen Städtchen Wissembourg, das nicht nur über eine gute Bahnanbindung verfügt, sondern auch mit seiner schmucken Innenstadt und etlichen Sehenswürdigkeiten wie der gotischen Kirche Saints-Pierre-et-Paul und dem klassizistischen Rathaus zu einem ausführlichen Besuch einlädt (siehe auch Tour 1). Aber auch unterwegs gibt es einiges zu entdecken: urige Weinorte wie Leinsweiler, Eschbach oder Gleiszellen, die mächtige Burg Landeck (mit kurzem Abstecher zu erreichen) oder das Westwallmuseum in Bad Bergzabern. Die Tour ist mit 35 km nicht allzu lang, sollte aber nicht unterschätzt werden: Unzählige kurze und teilweise steile An- und Abstiege summieren sich auf gut 500 Höhenmeter und sind ohne Elektromotor wohl nur von gut trainierten Sportlern zu schaffen. Da die gut beschilderte Tour weitgehend durch offenes Gelände führt, empfiehlt sie sich weniger für heiße Sommertage; besonders schön ist sie zur Zeit der Mandelblüte im Frühjahr oder im Herbst mit seinen bunten Farben.

Wir fahren vom **Bahnhaltepunkt** 1 ein paar Meter zurück zur Straßenkreuzung, biegen rechts ab und folgen nun immer den Radwegschildern und Wegweisern Richtung Bad Bergzabern. In **Birkweiler** halten wir uns schwach rechts und radeln auf der Trifelsstraße, Kirchstraße und Alten Kirchstraße durch den Ort, ein Stück parallel zur Landstraße, durch Weinberge nach **Ranschbach** 2 und

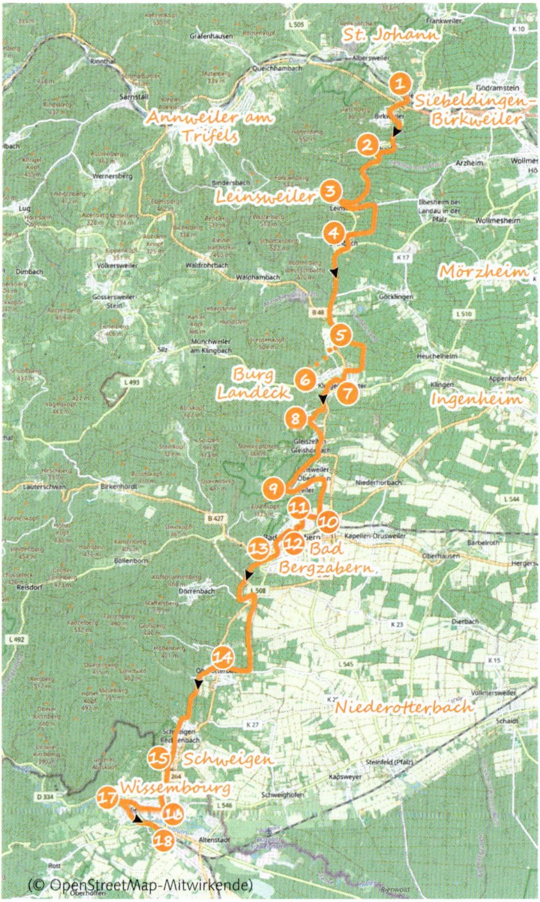

neben der Landstraße nach **Leinsweiler**, wo wir links abbiegen („Bad Bergzabern 16 km") 3. Weiter geht's durch Weinberge über eine aussichtsreiche Anhöhe mit schönem Blick auf die Madenburg nach **Eschbach** 4, links und gleich wieder rechts ab in die Gartenstraße, geradeaus zur Landstraße und parallel zu ihr zum nächsten Wegweiser bei einer **Fußgängerbrücke** 5. Bevor wir Richtung Bad Bergzabern weiter radeln, können wir mit einem kleinen Abstecher nach rechts die Burg Landeck besuchen: ein paar Meter dem Wanderwegweiser nach und dann auf einem Sträßchen hinauf zur **Burg Landeck** 6.

INFOS

Wanderkarte 1:40 000 des Top-Stern-Verlages, Blatt „Deutsche Weinstraße"; Natur-Navi Wanderkarte 1:25 000, Blatt 8

www.leinsweiler.de; www.vg-bad-bergzabern.de; www.landeck-burg.de; www.stiftsgut-keysermuehle.de/burgschaenke-landeck; www.klingenmuenster.de; www.weintor.de; www.bonjour-elsass.de/wissembourg; www.efa-bw.de (Fahrplanauskunft)

ab Karlsruhe Hbf. mit dem RE Richtung Neustadt bis Landau und weiter mit der Regionalbahn bis Siebeldingen-Birkweiler; Rückfahrt ab Wissembourg mit der Regionalbahn nach Winden (Pfalz) und weiter mit der Bahn zurück nach Karlsruhe

Die Burg Landeck

In das Jahr 1237 fällt die erste gesicherte urkundliche Erwähnung der Burg. Nach einer wechselvollen Geschichte wird sie im 17. Jahrhundert im Verlauf des Pfälzischen Erbfolgekrieges zerstört. Im Jahre 1881 wurde der Landeckverein gegründet, seitdem laufen Restaurierungsmaßnahmen.

Der aus Klingenmünster stammende Dichter August Becker beschreibt 1857 die Ruine: „Die Burg Landeck schaut ernst aus dem Kastanienwalde, malerisch, imposant und noch scheinbar wohlerhalten. In grüner Schlucht stehen die steinernen Pfeiler und das Tor, zu welchem die Zugbrücke führte. Eine dreifache Mauer umschließt den gewaltigen viereckigen Quaderturm; die äußere Ringmauer ist mit vielen kleineren Ringtürmchen besetzt. Ein zweites, ungemein massives Tor der gewaltigen inneren Mauer, deren Dicke, Höhe und Festigkeit noch heute Staunen erregt, führt in den Burghof."

Der kantige Bergfried – der höchste der gesamten Pfalz! – ist original erhalten. Von seiner 25 Meter hohen Plattform aus öffnet sich der Blick über die Vorderpfalz bis hin zum Odenwald und zum Schwarzwald.

Die urige **Burgschänke** wird vom Stiftsgut Keysermühle betrieben. Die Küche bietet im mittelalterlichen Ambiente typische und saisonale Gerichte. Die Schänke ist täglich ab 11 Uhr geöffnet.

Marktplatz und Rathaus in Wissembourg.

Wieder zurück zur Fußgängerbrücke geht es Richtung Bad Bergzabern weiter aussichtsreich durch Weinberge nach **Klingenmünster**. Im Zentrum 7 biegen wir rechts ab in die Steinstraße, fahren immer den Schildern „Bad Bergzabern" und den Radwegzeichen nach durch eine schöne Parkanlage und gelangen nach einem Steilanstieg zum hübschen Weinort **Gleiszellen** 8. Nun geht's wieder ein Stück neben der Straße entlang, dann sehr schön durch Wein-

Bad Bergzabern

Die Stadtgeschichte Bad Bergzaberns ist wesentlich geprägt worden durch die Zweibrücker Grafen und Herzöge. Diese bauten im 12. Jahrhundert eine Wasserburg am Erlenbach, an deren Stelle heute das Schloss steht. In den Jahren nach der Zerstörung der Wasserburg 1525 durch rebellierende Bauern wurde der vierflügelige Renaissancebau errichtet. Heute verlockt das zwischen dem Pfälzerwald und dem Weinland gelegene, beschauliche kleine Kurstädtchen viele: Diejenigen, die wegen des Heilwassers, -klimas und der Wellnessmöglichkeiten herkommen und dabei das klassische Kulturprogramm und den großen Kurpark schätzen, und diejenigen, welche in ihrem Urlaub gerade das an der Stadt schätzen, was sie von anderen Bädern unterscheidet: Die Hinzufügung von „in vino veritas" zum „mens sana in corpore sano", die dem einladenden Weinort möglich ist. Das zeigt sich auch in der Stadt selbst: der Weinbrunnen von Gernot Rumpf bildet Lamm, Affe, Löwe und Schwein ab, welche die vier Zustände des Weingenusses symbolisieren. Weiterhin sehenswert sind das Gasthaus „Zum Engel", einer der schönsten Renaissancebauten im deutschen Südwesten sowie etliche Barockhäuser am Marktplatz.

berge zur ehemaligen Wappenschmiede 9, scharf rechts ab und über **Pleisweiler** nach **Bad Bergzabern**.

Beim Ortseingang 10 halten wir uns rechts („Wissembourg 13 km"), nach dem Westwallmuseum 11 links und radeln den Zeichen nach zum **Schloss** 12, wo sich die Wegweiser verzweigen. Wenn wir abkürzen wollen, fahren wir nach links („Ortsmitte") zum Bahnhof. Im anderen Falle halten wir uns rechts („Wissembourg 12 km"), gleich wieder links und folgen den Zeichen durch den Ort an der Marktkirche vorbei. Falls beim Ortsausgang 13 noch die Radwegumleitung besteht, folgen wir ihr, ansonsten den Schildern „Wissembourg" durch Weinberge, später auch als „Mandelblütenpfad" markiert, nach **Oberotterbach** 14, geradeaus durch den Ort, dann links in die Hummelsgasse und erreichen nach einem letzten Anstieg das **Weintor** 15 bei **Schweigen**.

Weiter geht's parallel zur Straße („Wissembourg 2,8 km") über die Grenze nach **Wissembourg**, beim Kreisel schwach links Richtung Haguenau zum nächsten Wegweiser 16. Geradeaus gelangen wir direkt zum Bahnhof. Wenn wir erst noch den Ort kennenlernen wollen, halten wir uns rechts („Wissembourg Centre"), beim **Rathaus** geradeaus, vor der

Dorfszene in Gleiszellen.

Kirche rechts und fahren den Radwegzeichen nach geradeaus am Hausgenossenturm vorbei zur Straße 17, auf ihr scharf nach links an der Stadtmauer entlang und über die zwei Kreisel Richtung Haguenau zum **Bahnhof** (Gare) 18.

Das Deutsche Weintor

Das Deutsche Weintor – Ausgangs- und Schlusspunkt der Deutschen Weinstraße und aus der Pfalz nicht mehr wegzudenken. Doch was hat es damit auf sich, gerahmt von authentischen Weindörfern und dem Pfälzerwald auf malerischen Hügeln?

Früher kamen Qualitätsweine insbesondere aus italienischen, französischen und spanischen Produktionsgebieten; die Weine aus der Pfalz hatten keinen sonderlich guten Ruf. Die Verkaufszahlen konnten nicht zufriedenstellen, der Tourismus in die Region lahmte, und die Arbeitslosigkeit war hoch. Aus diesem Grund wurde in der Zeit des Nationalsozialismus beschlossen, dass die Region gestärkt werden sollte. Bei den angestellten Überlegungen wurde die Marketingidee „Weinstraße" geboren. Das Thema Wein, geknüpft an eine Route durch die Rebenmeere und Weinlandschaften, sollte als Zugpferd neue Arbeitsmöglichkeiten bieten und den Tourismus beflügeln. Dabei entstand auch das Deutsche Weintor, das – nach dem Entwurf zweier Architekten aus Landau und in nur 2 Monaten Bauzeit – im Oktober 1936 eingeweiht wurde. Hier startet die Deutsche Weinstraße, die nach 80 Kilometern nach Norden in Bockenheim mit dem „Haus der Deutschen Weinstraße" ihren Abschluss findet.

Radtour von Bruchsal über Reilingen und Hockenheim nach Schwetzingen

3

Von Barockschloss zu Barockschloss, vorbei am Riesenspargel

↦ 40 km
▲ 0 Hm

Von Bruchsal Schlossgarten über Forst, St.-Wendelinus-Kapelle, Lußhardtwald, Reilingen und Hockenheim nach Schwetzingen

leichte Radtour ohne Steigungen auf Asphalt- und Schotterwegen

Barockschlösser in Bruchsal und Schwetzingen; St.-Wendelin-Kapelle

Forst; Reilingen; Hockenheim; Schwetzingen

Zwei bekannte Schlösser bilden den Rahmen der Radtour durch den Lußhardtwald: das Bruchsaler Barockschloss – die älteste erhaltene fürstbischöfliche Residenz am Oberrhein mit dem berühmten Treppenhaus von Balthasar Neumann – und das Schwetzinger Barockschloss – die glänzende Sommerresidenz des kurpfälzischen Hofes, die vor allem wegen der Schönheit und Harmonie ihres Schlossgartens weithin berühmt ist. Aber auch unterwegs gibt es einiges zu entdecken wie die mitten im Lußhardt gelegene St.-Wendelinus-Kapelle, den Hockenheimer Wasserturm oder den Hockenheimring. Beachten Sie bitte, dass ein Teil des Weges nicht markiert ist, bitte deshalb aufmerksam der Wegbeschreibung folgen!

Beim schmiedeeisernen Kreuz am Kriegbach.

Wir fahren vom **Haltepunkt „Schlossgarten"** 1 50 m auf der Straße nach rechts, werfen einen Blick auf das Bruchsaler Barockschloss (siehe auch Tour 5), schieben das Rad rechts durch die Unterführung – das war schon der anstrengendste Teil der Tour! – halten uns nochmals rechts und fahren auf dem Rad-/Fußweg durch eine weitere Unterfüh-

(© OpenStreetMap-Mitwirkende)

rung. Bei der Fa. Reisser biegen wir links in die Pfinzstraße, rechts in die Stegwiesenstraße, schwenken beim Kreisel nach links auf den Rad-/Fußweg und gelangen nach **Forst** 2. Kurz nach dem Kreisel geht es links in die Goethestraße, geradeaus in die Barbarastraße und links in die Falkenstraße. Wir werfen einen Blick auf den idyllischen **Waldsee**, biegen rechts in die Adlerstraße, rechts in die Hambrücker Sraße und links in die Kronauer Allee. Nun folgen wir den Radwegzeichen und Wegweisern Richtung Kronau am **Tier- und Vogelpark Forst** 3 vorbei noch 3,7 km geradeaus bis kurz nach einer Wiese zum Wegweiser „Wendelinuskapelle". Ihm folgen wir zu der kleinen **Wendelinuskapelle** 4, bleiben geradeaus und fahren dem blauen Punkt nach wenig später rechts, dann nach links ab und radeln, nun wieder den Radwegzeichen nach, über die Autobahnbrücke.

1,6 km nach der Brücke kreuzen wir bei einer Hochwasser-Anzeigetafel 5 einen Schotterweg. Hier folgen wir nicht

INFOS

Freizeitkarte 1:50 000 des LGL-BW, Blätter F516 und F513

www.bruchsal.de; www.schloss-bruchsal.de; www.tierpark-forst.de; www.hockenheim.de; www.hockenheimring.de; www.schwetzingen.de; www.schloss-schwetzingen.de; www.efa-bw.de (Fahrplanauskunft)

ab Karlsruhe Hbf. mit der S31/S32 bis Bruchsal Schlossgarten (Achtung: Bedarfshalt!); Rückfahrt ab Hockenheim oder Schwetzingen mit dem RE oder der S9

Zur Entstehung der Wendelinuskapelle

Die Geschichte der Wendelinuskapelle beginnt im 18. Jahrhundert mit einer Eiche und einem Bildnis des heiligen Wendelinus. Der Überlieferung zufolge soll an dieser Stelle um 1760 ein Hirte mit seiner Herde außerordentlich errettet worden sein.

Die Einwohner umliegender Orte trieben mit der Genehmigung des Speyerer Fürstbischofs, dem als weltlicher Herr der ganze Bruhrain gehörte, ihre Tiere auf die Sommerweide in den Lußhardtwald. An einem überdurchschnittlich warmen Sommertag gab es ein heftiges Unwetter. Der Hirte trieb das Vieh bei einer Eiche zusammen und betete flehend zum hl. Wendelin. Blitz und Sturm zerstörten große Teile des Waldes – die Viehherde aber blieb vollständig unversehrt. Die Heiligenerzählung berichtet sogar, dass um die spätere Wendelinus-Eiche herum alle umstürzenden Bäume nach außen fielen. Die Nachricht über das Ereignis wurde rasch bekannt, und viele Menschen besuchten die Wendelinus-Eiche als Pilger. Das Bild am Stamm wurde im Lauf der Zeit durch eine in einer eingehauenen Nische stehenden Statue ersetzt, die durch ein Dach geschützt und von einem darunter stehenden einfachen Betstuhl flankiert wurde.

Als in der Folgezeit die Eiche zunehmend verwitterte, sollte Mitte des 19. Jahrhunderts eine Kapelle an diesem Ort errichtet werden. Bei der Großherzoglichen Forstdirektion in Karlsruhe konnte die Bauerlaubnis erreicht werden, wobei der oberste Bruchsaler Forstbeamte, Herr von Giradi, tatkräftig half. In der am 20. September 1857 von Anton Schweickert, dem damaligen Geistlichen von Weiher, geweihten neuen Kapelle fand das Stück des Stammes mit der Nische und der Heiligenfigur einen besonderen Platz. Anfang dieses Jahrhunderts wurde die Kapelle durch einen Fachwerkvorbau erweitert.

Waldsee bei Forst.

Wasserturm in Hockenheim.

dem Radwegzeichen, sondern biegen (bei einer Schranke) rechts ab. Immer geradeaus kreuzen wir den Kriegbach und eine Landstraße und folgen kurz nach der **Georg-Knopf-Hütte** 6 dem Wegweiser „Kirrlach" nach links. Wenn wir auf eine Landstraße treffen, bleiben wir geradeaus – nun ohne Markierung, biegen nach 400 m rechts ab auf einen Asphaltweg an einem Wasserspeicher vorbei, halten uns, sobald der nächste Schotterweg kreuzt, links und queren eine Straße und den **Kriegbach** 7. Wenn es geradeaus nicht mehr weiter geht, schwenken wir nach rechts und folgen nun wieder den Radwegzeichen. Bei einem schmiedeeisernen Kreuz queren wir nochmals den Kriegbach und fahren zum Ortsrand von **Reilingen** 8, ein paar Meter nach rechts zum Kreisel, geradeaus auf der Hauptstraße in den Ort zum nächsten Wegweiser. Bei der Bushaltestelle geht's scharf links in die Speyerer Straße und nun immer den Wegweisern „Hockenheim" nach rechts in die Richard-Wagner-Straße und halblinks in die Wilhelmstraße. Kurz nach dem Ortsende halten wir uns schwach rechts und radeln über Felder und eine Straßenbrücke nach **Hockenheim**.

Stadtkirche in Hockenheim.

Wir folgen den Radwegzeichen durch den Ort zum **Wasserturm** 9, im Volksmund „Riesenspargel" genannt. Wenn wir abkürzen wollen, erreichen wir links nach wenigen Metern den Bahnhof. Wollen wir noch weiter, biegen wir rechts ab in die Karlsruher Straße und fahren immer den Radwegzeichen nach Richtung „Schwetzingen" am Mühlenbrunnen vorbei aus dem Ort, durch Autobahnunterführungen am Gelände des **Hockenheimrings** 10 entlang und durch schönen Auenwald zum Ortsrand von **Oftersheim** 11.

Bevor wir geradeaus weiter radeln, können wir links mit kurzem Abstecher ein Schwarzwild-Gehege besuchen. Nun geht's weiter den Radwegzeichen nach durch Oftersheim, beim **Bahnhal-**

GARTENLUST!
Lassen Sie sich vom Schlossgarten Schwetzingen verführen.
Ein Spaziergang durch den Schwetzinger Schlossgarten könnte vielseitiger nicht sein: Römisches Wasserkastell, Orangerie, Tempel der Botanik oder die weltweit einzige erhaltene Gartenmoschee entführen Sie in eine andere Welt. Lassen Sie sich von diesem einmaligen Ensemble aus französischem Barock- und englischem Landschaftsgarten verzaubern.
www.schloesser-und-gaerten.de
Baden-Württemberg
STAATLICHE SCHLÖSSER UND GÄRTEN

tepunkt Oftersheim links durch die Unterführung nach **Schwetzingen** zum Bismarckpaltz, dann entweder rechts direkt zum Bahnhof oder halblinks auf der Karlsruher Straße zum Eingang des **Barockschlosses** 12 und dann rechts zum **Bahnhof** 13.

Der Hockenheimring

Seit mittlerweile über 90 Jahren ist der Hockenheimring ein Ort für Motorsportfreunde. Sein geistiger Vater, Ernst Christ, wollte als junger Hilfszeitnehmer eine Rennstrecke in seiner Heimatstadt gründen. Nachdem er Hockenheims Bürgermeister Philipp Klein als Unterstützer für den 1930 entstandenen Plan gewinnen konnte, genehmigte der Gemeinderat am 25. Dezember 1931 einstimmig die Vorlage für die Rennstrecke. Am 23. März 1932 begannen die Bauarbeiten. Schon zwei Monate später, am 29. Mai 1932, startete das „1. Motorradrennen" in Hockenheim und machte einen Traum wahr. Die kleine Stadt wurde in der ganzen Welt bekannt. Schwere Beschädigungen an der Rennstrecke im Zweiten Weltkrieg unterbrachen das Dröhnen der Motoren nur bis 1947. Zehn Jahre später, am 19. Mai 1957, fand dann erstmals der „Große Preis von Deutschland für Motorräder" statt, und am 02. August 1970 war zum ersten Mal die Formel 1 in Hockenheim zu Gast.

In den Jahren 1964–1966 war die Streckenführung des ursprünglichen Dreieckskurses grundlegend geändert worden. Die bereits 1938 eingebaute Ostkurve gab dem Hockenheimring seine bekannte ovale Form, und durch die Vergrößerung der Fahrbreite konnte er zu einem Hochgeschwindigkeitskurs werden. Dabei galt der neue, bis Ende 2001 weitgehend in dieser Form genutzte „Hockenheimring" (1938–1947 „Kurpfalzring") in Bezug auf seine Sicherheit seinerzeit als vorbildlich. Ende 1999 kamen erste Überlegungen für einen Umbau auf: Der alte Kurs war mit 6,8 Kilometern zu lang und außerdem aufgrund langer Passagen im Wald unzugänglich für die Zuschauer. Ziel war eine kürzere Strecke mit besseren Möglichkeiten zum Überholen, das heißt mit mehr Spannung bei Rennen. Der Umbau ab Februar 2002 kostete rund 62 Mio. Euro, verkürzte die Strecke um zwei Kilometer und erhöhte dank neuer Tribünen die Zuschauerkapazität um fast die Hälfte von 83000 auf 120000 Plätze. Auch ein Fahrsicherheitszentrum wurde als zusätzliche Attraktion gebaut.

Schloss Schwetzingen

Mehr als 600 Jahre lässt sich die Geschichte des Schwetzinger Schlosses und seiner Vorgängerbauten nachverfolgen, das sich heute inmitten eines unverwechselbaren Ensembles, bestehend aus Schloss, Schlossgarten und Schlossplatz, befindet.

Erste Erwähnung findet eine ritterliche Wasserburg in Schwetzingen im Jahr 1350. Sie befand sich auf einer

Insel des Leimbachs und umfasste eine kleine, ummauerte Anlage mit Bergfried. 200 Jahre später baute Kurfürst Ludwig V. diese Burg in ein Jagdschloss um, das prachtvolle Jagdgesellschaften beherbergte. Der Dreißigjährige Krieg brachte jedoch auch hier große Zerstörungen mit sich. Nach dessen Ende ließ Kurfürst Carl Ludwig das Schloss ab 1655 für seine Geliebte und zweite Ehefrau, Luise von Degenfeld, wieder errichten und pompös ausstatten. Dieser Zustand war nicht von langer Dauer – dem Pfälzischen Erbfolgekrieg fiel das Schloss nur 35 Jahre später erneut zum Opfer. Ab 1699 erfolgte der Wiederaufbau, in dessen Zuge Kurfürst Johann Wilhelm sogleich eine Erweiterung veranlasste. In der ersten Hälfte des 18. Jahrhunderts ließ Kurfürst Carl Philipp einen Schlossgarten gestalten, bevor sein Nachfolger Carl Theodor schließlich das noch heute in dieser Form erhaltene Ensemble Schwetzingen schuf.

Das Schloss wurde nach den Kurfürsten in verschiedener Weise genutzt und zum Erhalt der Bausubstanz immer wieder umfangreich saniert. Ab 1840 diente es als Fremdenquartier des badischen Großherzogs, ab 1860 als Lazarett, Blindenanstalt und Finanzamt. In den 1920er-Jahren wurde ein an die Zeit Carl Theodors erinnerndes Museum eingerichtet. Glücklicherweise gab es im Zweiten Weltkrieg keine Zerstörungen, lediglich einige Ausstattungsstücke gingen durch die alliierte Besetzung verloren. Heute präsentieren Schlossführungen des Museums die Wohn- und Gesellschaftsräume der Kurfürsten sowie das bezaubernde Hochberg-Appartement.

Schwedzinge

Wasser hopfd nuff in die Heeh,
steibd ins blau Azur,
dud im warme Winn vergeh',
fliegd devo als feichde Schbur.

Schlossfassade leichde hell,
Brungg un Glanz dun grieße.
Bilderflude Iwwerqwell,
isch barogg am Fließe.

Middagshoiß de Sommerglang
warm im Schadde schwelld
wandelnd durch en Laubegang
bis ans scheene End de Weld.

(Michael Köhler)

Radtour von Huttenheim über Germersheim nach Speyer

4

Durch die Rheinauen zum Kaiserdom

33 km

0 Hm

Von Huttenheim über Germersheim und Lingenfeld nach Speyer

leichte Radtour ohne nennenswerte Steigungen

Festung Fronte Beckers in Germersheim; Speyer (Kaiserdom, Altstadt); Naturschutzgebiet Rheinauen

Fischerheim (Mi/Fr/So geöffnet); Germersheim; Lingenfeld; SunSeeBar (in den Sommermonaten); Gaststätte „Zum Hasen" (Mi Ruhetag); Gaststätte „Am Altrhein" (Mo/Di Ruhetage)

Auch wenn bei dieser abwechslungsreichen Radtour durch die herrliche Auenlandschaft das Naturerlebnis im Vordergrund steht, kommen auch die kulturell und geschichtlich interessierten Radler auf ihre Kosten: Die imposanten Festungsanlagen in Germersheim, die schmucke Altstadt und der berühmte Kaiserdom in Speyer lohnen eine ausführliche Besichtigung. Die wenig anstrengende Tour lässt sich um ca. 10 km kürzen, indem man statt Huttenheim Germersheim als Startpunkt wählt, dann lässt sie sich auch hervorragend als Familienausflug mit älteren Kindern durchführen. In diesem Falle biegt man am Bahnhof Germersheim rechts ab und überspringt die ersten zwei Absätze der Wegbeschreibung.

Abendstimmung am Baggersee Unterwald.

Vom **Bahnhof Huttenheim** ❶ aus fahren wir auf der Bahnhofstraße und Rheinstraße geradeaus, biegen beim Ortsausgang rechts ab („Bruhrainhalle") und radeln erst auf, dann neben der Germersheimer Landstraße zur **Engelbrücke** ❷ über den Pfinzkanal. Nun folgen wir dem Schild „Aussiedlerhof Gänsweid" links durch die B35-Un-

terführung auf dem Asphaltweg an einem Reiterhof vorbei und biegen nach der nächsten Kanalbrücke links ab Richtung „Strandbar". Jetzt geht's über Felder zum Hochwasserdamm und an ihm entlang parallel zum Rußheimer Altrhein am Denkstein des ehemaligen Dorfes **Knaudenheim** 3 und der an einem Baggersee gelegenen **Gaststätte Fischerheim** (kurzer Abstecher nach rechts) vorbei zur (mittlerweile geschlossenen) **Gaststätte Bootshaus** 4.

Nun fahren wir immer den Radwegzeichen nach auf dem Rheindamm, biegen nach der Bahnunterführung rechts ab, wechseln bei der nächsten Straßenkreuzung auf die andere Straßenseite und folgen den Wegweisern Richtung „Germersheim": durch eine Straßenunterführung, links auf der **Rudolf-von-Habsburg-Brücke** 5 über den Rhein und nach der Brücke links ab („Stadtmitte 1,9 km"). Wir radeln den Radwegzeichen nach durch ein Industriegebiet, halten uns vor dem Kreisel links und gelangen nach der Bahnunterführung zum nächsten Kreisel. Hier lohnt sich ein kurzer

INFOS

Top-Stern Wanderkarte 1:40 000, Blätter „Landkreis Karlsruhe Nord" und „Rhein-Pfalz-Kreis"

www.fischerheim-huttenheim.eatbu.com/; www.germersheim.de; www.lingenfeld.de; www.sunseebar.de; www.gaststaette-am-altrhein.de; www.speyer.de; www.michael-erle.de; www.efa-bw.de (Fahrplanauskunft)

ab Karlsruhe Hbf. mit S-Bahn nach Graben-Neudorf und weiter Richtung Germersheim nach Huttenheim bzw. für die kürzere Version nach Germersheim Bahnhof; Rückfahrt ab Speyer über Germersheim und Graben-Neudorf nach Karlsruhe

Festungsmuseum mit Ludwigstor.

Abstecher links zum **Festungsmuseum** 6 im Ludwigstor (siehe auch Tour 7), bevor wir geradeaus am **Bahnhof Germersheim** 7 vorbei weiterfahren.

Nun geht's ein Stück parallel zur Straße Richtung Lingenfeld, nach der Bundesstraßenunterführung rechts ab („Industriegebiet Lingenfeld"), bis wir wieder auf Radwegweiser treffen. Für die nächste Stunde folgen wir immer den Radwegzeichen und Wegweisern nach Richtung „Speyer": durch **Lingenfeld**, beim Bahnhof 8 über die Gleise, parallel zur Landstraße am Lingenfelder Altrhein entlang, dann auf dem Rheinhauptdeich an einem Baggersee mit Campingplatz vorbei zur nächsten Abzweigung 9. Hier können wir mit einem Abstecher nach links zur **SunseeBar** gelangen (in den Sommermonaten Einkehrmöglichkeit) bzw. nach rechts zu einem idyllisch gelegenen **Baggersee**. Weiter geht's, immer den Zeichen nach, auf und neben dem Damm, ein Stück auf der Straße und wieder parallel zum Damm am **Gasthaus „Zum Hasen"** 10 vorbei, nach einem Linksknick parallel zum Berghäuser Altrhein an der **Gaststätte „Am Altrhein"** 11 vorbei zur Infotafel „Kleine Speyerer Basis" 12. Hier verlassen wir den Damm, biegen links und 50 m weiter rechts ab und radeln auf unmarkier-

Das ehemalige Dorf Knaudenheim

Fast 1000 Jahre hatte die fränkische Siedlung Knaudenheim Bestand, bevor sie dem Rhein schließlich zum Opfer fiel. Erstmals wurde sie 784 im Lorscher Codex erwähnt. Durch die Nähe zum damaligen Rhein kam es wiederholt zu Problemen durch Hochwasser. Große Not verursachten die Wassermengen besonders 1577, 1615, 1656 und 1737, als wiederholt Menschen und Tiere durch die Fluten starben. Nach Konflikten mit den Nachbargemeinden wurde 1750 der Knaudenheimer Damm zerstört und nicht wieder repariert. Dies führte 1758 nach wochenlangen Regenfällen im Sommer erneut zu einem schweren Hochwasser. Das Dorf reagierte mit Unterstützung des Fürstbischofs, Franz Christoph von Hutten, indem es am 17. August 1758 umgesiedelt und umbenannt wurde. Zunächst wechselte der Name zu Neu-Knaudenheim, später dann zu Huttenheim. 100 Jahre später errichtete die Gemeinde Huttenheim in der vorigen Ortsmitte ein Denkmal, das dem Dank Franz Christoph von Huttens dient. In der Huttenheimer Ortsmitte findet sich ein identisches Denkmal.

UNESCO-Welterbe Dom zu Speyer

Unzweifelhaft ist der Kaiserdom das Wahrzeichen der Stadt Speyer. Bald seit 1000 Jahren steht er nahe des Rheinufers mächtig da und ist zugleich die größte erhaltene romanische Kirche Europas. Die Domkirche St. Maria und St. Stephan, wie der Kaiserdom offiziell heißt, ist Kathedrale des Bistums Speyer. Als damals erst zweites deutsches Denkmal wurde der Dom 1981 durch die UNESCO als Weltkulturerbe aufgenommen.

Der Ursprung des Baus geht auf Konrad II. zurück. Er hatte in den 1020er Jahren – das genaue Jahr ist unklar, Konrad II. wurde 1024 König – das Ziel vor Augen, die größte Kirche seiner Zeit zu schaffen. Er wollte mit diesem Monumentalbau in dem damals kleinen Speyer seinen religionspolitischen Machtanspruch gegenüber dem Papsttum markieren. Etwas mehr als 30 Jahre nach Baubeginn wurde das Kirchengebäude 1061 geweiht. Erste Um- und Ausbauten erfolgten schon in den 1080er Jahren unter Heinrich IV., der damit Pracht und Aussehen des Gotteshauses weiter steigern wollte. Erstmals setzten seine Baumeister Besonderheiten wie die umlaufende Zwerggalerie oder das Blendbogensystem architektonisch um.

Der vom ersten salischen König, Konrad II., begonnene Bau wurde von dessen Geschlecht als königliche Grablege gewählt. Acht salische, staufische und habsburgische Kaiser und Könige sowie vier Königinnen und eine Reihe von Bischöfen wurden hier begraben. Ursprünglich im Mittelschiff gelegen, wurden die Grabstellen im Zuge von Umbaumaßnahmen zwischen 1900 und 1906 in die Krypta verlegt, welche als ältester Bauteil des Doms schon 1041 geweiht worden war.

2000 Jahre Speyer am Rhein

2000 Jahre Speyer am Rhein
tragen ins Buch der Geschichte sich ein.
Über den Türmen der Stadt, von den Höhn
sieht man das Pfälzerland, leuchtend und schön.

2000 Jahre Glaube und Leben
haben der Stadt ihre Prägung gegeben.
Mächtigstes Zeugnis der Christen am Strom
aus der vergangenen Zeit ist der Dom.

2000 Jahre im Wandel der Zeit
gaben Speyer am Rhein das Geleit.
Und zum Vermächtnis. Das Erbe verwalten,
Gutes bewahren, Neues gestalten.

(Otto Wilms)

tem Weg, biegen bei den ersten Häusern rechts ab, dann links in den Niederfeldweg, beim nächsten Querweg rechts und radeln an einem Spielplatz und dem **Russenweiher** vorbei nach **Speyer**. Bei der nächsten Kreuzung halten wir uns geradeaus, biegen 50 m weiter rechts ab („Am Germansberg"), dann links in die Winternheimerstraße, nach der Unterführung rechts Richtung Innenstadtring und gelangen links parallel zur Karl-Leiling-Allee zum Vorplatz des **Kaiserdoms** 13, der als größte erhaltene romanische Kirche Europas gilt. Nun geht's Richtung Bahnhof links auf der Maximilianstraße durchs westliche Stadttor Altpörtel und rechts auf der Bahnhofstraße zum Bahnhof 14.

Radwanderung von Bruchsal über Graben-Neudorf und Rußheim nach Germersheim

5

Vom Barockschloss zur königlich-bayerischen Festung

35 km

0 Hm

Von Bruchsal über Forst, Graben-Neudorf und Rußheim nach Germersheim

leichte Radtour ohne wesentliche Steigungen, teilweise auf holprigen Forstwegen

Barockschloss Bruchsal; Naturschutzgebiet Altrhein-Elisabethenwört; Festung Germersheim

Gaststätte Vogelpark Graben-Neudorf; Graben; Rußheim; Germersheim

Das Bruchsaler Barockschloss und die Germersheimer Festung (sie sollte als Teil eines Festungssystems im Westen Deutschlands dem Schutz vor befürchteten Angriffen der französischen Armee dienen; siehe auch Tour 7) bilden den Rahmen der Radtour durch die Rheinauenlandschaft rund um Graben-Neudorf. Unterwegs steht das Naturerlebnis mit mehreren Naturschutzgebieten, Baggerseen und Altrheinarmen im Vordergrund. Der Tier- und Vogelpark Graben-Neudorf, früher ein beliebtes Ausflugsziel für Familien mit Kindern, ist bis auf die Gaststätte zurzeit leider geschlossen. Wenn man mit Kindern unterwegs ist, kann man in Neudorf die Tour abkürzen und den Bahnhof Graben-Neudorf ansteuern. Achtung: Ein Großteil der Tour ist nicht markiert, bitte deshalb genau die Wegbeschreibung mitverfolgen!

Vom **Bahnhaltepunkt Schlossgarten** 1 biegen wir rechts ab und folgen der Straße 100 m bis zur Bahnunterführung. Zunächst gönnen wir uns einen Blick auf den schönen Schlossgarten und das Bruchsaler Barockschloss,

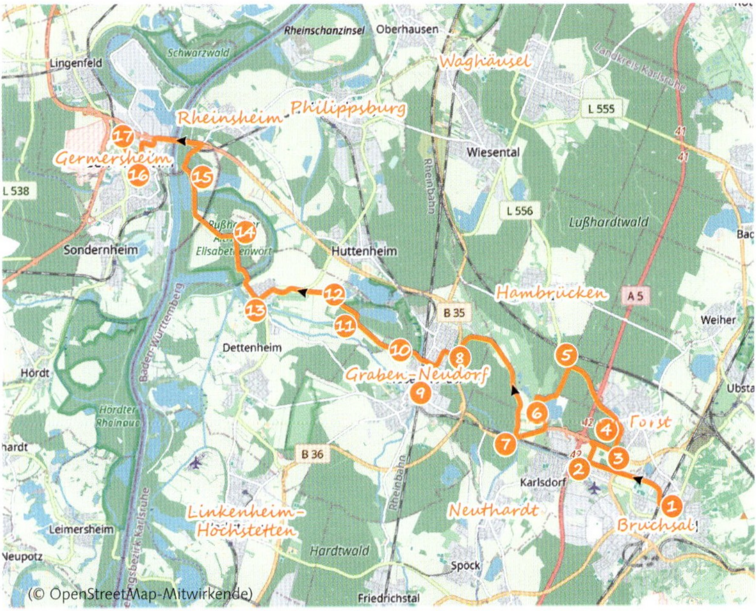

schieben unser Rad durch die Unterführung, biegen rechts ab und fahren parallel zu den Gleisen und durch die nächste Bahnunterführung und geradeaus. Bei Fa. Reisser schwenken wir links in die Pfinzstraße, radeln geradeaus durch die Stegwiesenstraße, bleiben, wenn sie rechts abknickt, geradeaus parallel zu den Gleisen und fahren durch eine Unterführung. Beim **S-Bahn-Haltepunkt „Am Mantel"** 2 biegen wir rechts, dann vor der B35 links ab, fahren rechts durch eine Unterführung und rechts auf einen Forstweg parallel zur B35. Bei der dritten Abzweigung nach 800 m (beim Radwegzeichen) 3 geht es links ab nach **Forst** zum **Waldsee** 4, schwach links in die Adlerstraße, links in die Hambrücker Straße und auf einem Rad-/Fußweg parallel zur Straße aus dem Ort. Wir biegen 1,4 km nach der Autobahnbrücke (bei der Straßenkilometrierung 1,4 km) 5 links ab auf einen etwas holprigen Forstweg. Beim nächsten Querweg schwenken wir nach rechts, halten uns nun immer links, umfahren den **Baggersee Karlsdorf-Neuthard** 6 ungefähr zur Hälfte und radeln am Kieswerk vorbei zu einem Querweg vor der B35. Wir biegen rechts ab, beim Waldrand 7 nochmals rechts und folgen nun den Rad-

INFOS

Freizeitkarte 1:50 000 des LGL Baden-Württemberg, Blatt F516; Top-Stern Radwanderkarte 1:40 000, Blatt Karlsruhe Nord

www.bruchsal.de; www.graben-neudorf.de; www.gaststaette-vogelpark.eatbu.com; www.germersheim.de; www.efa-bw.de (Fahrplanauskunft)

ab Karlsruhe Hbf. mit der S31/S32 bis Bruchsal Schlossgarten (Achtung: Bedarfshalt!); Rückfahrt ab Germersheim mit der Regional- oder S-Bahn (evtl. mit Umstieg in Graben-Neudorf) nach Karlsruhe

Kiesgrube im NSG Erlich.

wegzeichen sowie den Schildern nach „Neudorf" durch das breite Saalbachtal an einem Pferdegestüt vorbei und durch eine Unterführung zum **Tier- und Vogelpark Graben-Neudorf** (Einkehrmöglichkeit) 8. Hier schwenken wir links in die Jahnstraße, rechts in die Haydnstraße und links in die Gartenstraße. Bei der Saalbachbrücke haben wir die Möglichkeit abzukürzen und den Radwegweisern geradeaus zum **Bahnhof Graben-Neudorf** 9 zu folgen.

Wenn wir noch weiterwollen, biegen wir rechts in die Kanalstraße und folgen dem gelben Strich rechts am Kreisel und an der Tankstelle vorbei durch eine Bahnunterführung, ein paar Meter bergab und rechts am Saalbachkanal und dem idyllischen **Prestelsee** 10 entlang zur nächsten Kreuzung. Hier wählen wir den Teerweg geradeaus parallel zum Damm, halten uns beim letzten Haus einer Kleingartenanlage links und gleich wieder rechts, radeln am Saalbachkanal entlang und biegen beim Strommast Nr. 1104 11 rechts ab. Wenn wir auf einen Querweg treffen, werfen wir erst einmal einen Blick auf den versteckt liegenden Baggersee im **Naturschutzgebiet Erlich**, fahren dann nach links weiter, halten uns beim nächsten Querweg am Waldrand rechts, nach dem Parkplatz vom **Badesee Pfander** 12 links und radeln immer geradeaus nach **Rußheim** 13. Wir folgen immer den Radwegzeichen auf dem Leimengrubenweg, rechts auf dem Nelkenweg, links auf der Huttenheimer Straße, rechts auf der Rheinstraße, rechts an der Kirche vorbei aus dem Ort und gelangen nach einem Rechts-/

Kirche in Rußheim.

Linksknick in das **Naturschutzgebiet Altrhein-Elisabethenwört** 14.

Nach der Querung des Rußheimer Altrheins halten wir uns links (hier fehlt die Markierung) und gleich wieder rechts, radeln bei der Tafel „Bannwald" links durch Wald und Feld zum Hochwasserdamm, rechts am Damm ent-

Das Bruchsaler Barockschloss

Vier Speyrer Fürstbischöfe haben im 18. Jahrhundert das Schloss Bruchsal erbaut, darin gewohnt und es acht Jahrzehnte lang zu ihrem Herrschaftszentrum gemacht. Der Titel Fürstbischof verweist auf die Doppelrolle, die diese einnahmen: Sie waren in Personalunion nicht nur mit der geistlichen, sondern auch mit der weltlichen Macht über ihr Territorium ausgestattet und waren somit Landesherren. Die geistlichen Oberhäupter standen daher den rein weltlichen Fürsten in Sachen Repräsentation in nichts nach – entsprechend mussten Schloss und Garten aussehen. Die neue Residenz Bruchsal wurde vom Fürstbischof Damian Hugo von Schönborn gewählt. Sein Nachfolger Franz Christoph von Hutten stattete das Innere des Schlosses in den 1750er-Jahren im Rokoko-Stil aus. Architektonisch geprägt wurde das Schloss durch den bedeutenden Barockbaumeister Balthasar Neumann. Das von ihm geschaffene, eindrucksvolle Treppenhaus ist ein besonderes Kleinod. Neumann wie auch andere Künstler, die in Bruchsal die meisterhaften Stuckaturen und Malereien schufen, hatten zuvor an der berühmten Residenz der Fürstbischöfe des Hochstifts Würzburg gearbeitet. Dabei zeigen die Wand- und Deckengemälde immer wieder christliche Inhalte.

Neben den Prunkräumen sind im Schloss auch zwei Museen zu besichtigen: das Deutsche Musikautomaten-Museum mit seiner faszinierenden Sammlung selbstspielender Instrumente und das Städtische Museum Bruchsal. Schloss und Garten, zahlreiche erhaltene Nebengebäude und die Museen machen den Besuch von Schloss Bruchsal zu einem vielfältigen und rundherum eindrucksvollen Erlebnis. Eines schwingt beim Gang durch die Anlage immer mit: Heiterkeit!

Am Rußheimer Altrhein.

lang am **Bootshaus Huttenheim** 15 vorbei und nach einer Bahnunterführung rechts. Bei der nächsten Verzweigung folgen wir den Radwegschildern Richtung Germersheim durch die Straßenunterführung, links über die **Rheinbrücke,** dann nochmals links („Stadtmitte 1,9 km") durch eine Straßenunterführung, biegen rechts bei Fa. Scherer ab, beim Kreisel links Richtung Stadtmitte und gelangen nach einer Bahnunterführung zu einem weiteren Kreisel. Bevor wir nach rechts zum **Bahnhof Germersheim** 17 fahren, sollten wir uns ein wenig Zeit für die Besichtigung der Festung mit dem **Ludwigstor** 16 in unmittelbarer Nähe des Kreisels und dem **Weißenburger Tor** (kurzer Abstecher nach links Richtung Stadtmitte) nehmen.

Das Naturschutzgebiet Altrhein-Elisabethenwört

Fast 600 Hektar umfasst das Naturschutzgebiet Altrhein-Elisabethenwört, 17 Hektar hiervon sind im Innern als Bannwald ausgewiesen und werden komplett sich selbst überlassen. Der Name kommt von der Rheininsel Elisabethenwört, die zu einem großen Teil zum Naturschutzgebiet gehört. Es gibt in diesem typischen Rheinauengebiet mit Weich- und Hartholzauenwäldern und offenen Wasserflächen eine artenreiche Tier- und Pflanzenwelt. Man kann hier die seltene Wassernuss und schwimmenden Farn entdecken. Tierfreunde sehen mit etwas Glück beispielsweise Pirole und Haubentaucher, Uferschwalben oder eine der sechs Spechtarten. Hinzu kommen Kleinsäuger, Insekten sowie Spring- und Laubfrösche.

Uff'm Damm

Grienes Lewe dichd an dichd
newwem Damm dud schdeh
un im flirrend Auelichd
danzd de Pappelschnee.

In die Waldweld ziege nei
dunggle Wasserschdreemm
un des glidzernd Band vom Rhei
funggeld do durch'd Beem.

(Michael Köhler)

Radtour von Bretten über Weingarten und Blankenloch zum Karlsruher Schloss

6

Vom Brettener Hundle zum Karlsruher Gedichtpfad

↦ 33 km

200 Hm

Von Bretten über Dürrenbüchig, Sallenbusch, Weingarten und Blankenloch nach Karlsruhe

leichte bis mittelschwere Tour vorwiegend auf asphaltierten Wirtschaftswegen mit mehreren kleinen, meist wenig steilen Anstiegen

Bretten (historische Altstadt, Melanchthonhaus, Denkmal „Brettener Hundle"); Walk'sches Haus in Weingarten; Karlsruher Gedichtpfad; Graf-von-Wiser-Eiche; Karlsruher Mundwerk; Karlsruher Schloss

„Backhaus" Sallenbusch (Mo/Di Ruhetage); Schützenhaus „Da Luigi" bei Blankenloch (Mi Ruhetag) sowie in allen Orten am Wegesrand

Viel Interessantes gibt es auf unserer Radtour von den Ausläufern des Kraichgaus in die Rheinebene zu sehen: Die schöne Altstadt von Bretten mit dem berühmten Brettener Hundle-Denkmal, abwechslungsreiche Landschaftsbilder, das schöne Ortszentrum von Weingarten mit dem bekannten Walk'schen Haus, den Karlsruher Gedichtpfad und das Karlsruher Mundwerk im Hardtwald und last but not least das Karlsruher Schloss mit seinem schönen Schlosspark. Dass sich der Kraichgau „Land der tausend Hügel" nennt, ist bei der ersten Weghälfte durchaus zu spüren: Immer wieder hat man kleinere, allerdings meist wenig steile An- und Abstiege zu bewältigen. Die Wegführung ist teilweise etwas verzwickt, bitte deshalb genau die Wegbeschreibung mitverfolgen!

Wir fahren vom Haltepunkt **Bretten Mitte** (1) auf der Luisenstraße über ein Brückchen und folgen nun den Radwegzeichen 200 m nach links, dann nach rechts und gelangen auf der Schlachthausgasse und Unteren und Oberen Kirchgasse zur Fußgängerzone (2). Beim Eiscafé Pie-

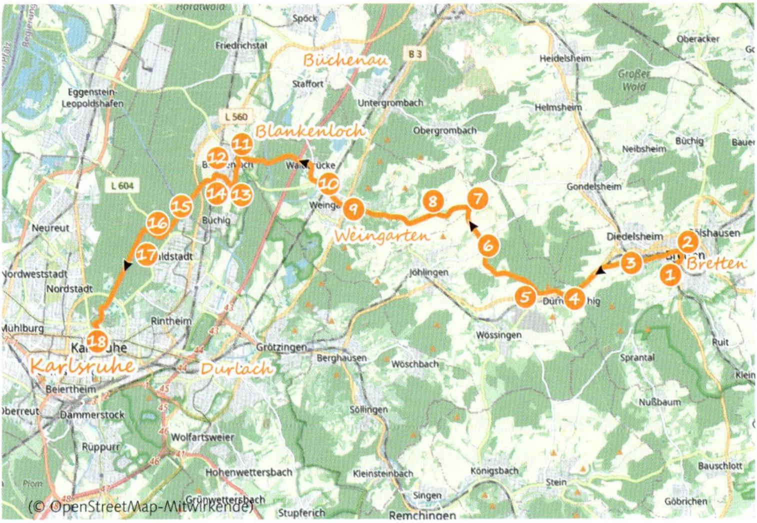

Am Pfinz-Entlastungskanal.

rod radeln wir links auf der Melanchthonstraße weiter am Brettener Hundle-Denkmal vorbei, beim Kreisel geradeaus, beim Kaiser-Wilhelm-Denkmal schwach links in die Bahnhofstraße, links am großen Kreisel vorbei, dann links durch die Bahnunterführung („Karlsruhe 26 km") und nun immer den Radwegzeichen und -schildern „Karlsruhe" nach durch den Ortsteil **Rinklingen** ③. Nun geht's in leichtem Auf und Ab durch Wiesen und Felder und parallel zu den Gleisen am Haltepunkt Dürrenbüchig ④ vorbei. Nach der Bahn- und Bundesstraßenbrücke biegen wir scharf links ab und fahren über eine kleine Anhöhe. Wenn uns das Radwegzeichen nach links schicken will, schwenken wir nach rechts ⑤ und folgen dem grünen Dreieck auf einem Forstweg durch schönen Buchenwald und durch Felder zum nächsten Wegweiser, wo wir uns rechts halten („Sallenbusch 4 km"). Wir bleiben immer geradeaus und radeln auf aussichtsreichem Weg, queren bei einem schönen Wegkreuz eine Kreisstraße ⑥ und eine weitere Straße, halten uns bei einem Querweg rechts und biegen 300 m weiter links ab („Weingarten 5,5 km") ⑦.

Nun geht's durch hügeliges Gelände an einem Reiterhof vorbei zur Streusiedlung **Sallenbusch** (Einkehrmöglichkeit im „Backhaus") ⑧, dann immer Richtung Weingarten: schwach links auf einem Sträßchen, über eine Landstraße

INFOS

Freizeitkarte 1:50 000 des LGL-BW, Blatt F516

www.bretten.de; www.karlsruhe.de; www.backhaus-sallenbusch.de; www.walksches-haus.de; www.trattoriapizzeriadaluigi.de; www.weingarten-baden.de; www.stutensee.de; www.efa-bw.de (Fahrplanauskunft)

ab Karlsruhe Hbf.-Vorplatz mit der S4 oder ab Karlsruhe Hbf. mit dem RE nach Bretten Stadtmitte

Wegkreuz auf dem Weg nach Sallenbusch.

und auf schönem Radweg am Walzbach entlang durch **Weingarten** zum Marktplatz beim Walk'schen Haus 9. Dieses wundervolle Fachwerkgebäude wurde 1701 erbaut und später nach einem seiner Besitzer „Walk'sches Haus" benannt. Für den Bau des Hauses wurden damals sehr teure und alte Eichenbalken verwendet. Anfang der 1980er Jahre sanierte ein Weingartener Unternehmer das verfallene Haus, das nun als Gaststätte und Hotel genutzt wird. Wir fahren geradeaus weiter zum **Bahnhof** (Kürzungsmöglichkeit) 10, durch die Bahnunterführung Richtung Blankenloch parallel zur Straße, biegen nach 500 m rechts ab („Waldbrücke 0,6 km") in den Buchenweg und bei einer Querstraße links ab in den Forlenweg, nun auch markiert mit umgekehrtem weißen Dreieck. Bald überqueren wir

Das Brettener Hundle von Maximilian Sachs, 1846

Es ist ein Hündlein wohl bekannt, aus rauem Stein gehauen,
Zu Bretten an der Kirchenwand am hohen Dach zu schauen.
Die Kirche St. Laurentii weiß selbst nicht mehr warum und wie
sie zu dem Hund gekommen; ich aber habs vernommen.

Ihr Herren, die ihr mit Heldenmut euch kecker Taten rühmet,
vor diesem Hündlein zieht den Hut, als dem die Ehre ziemet!
Denn wisset, dieses Hündlein hat gerettet seine Vaterstadt
vor vielen hundert Jahren aus Jammer und Gefahren.

Einst war von einer Kriegerschar die fromme Stadt umgeben;
da tat sie gräulich in Gefahr und Todesängsten schweben.
Es dauerte wohl wochenlang des Feindes mächt'ger Waffendrang,
doch wollt ihm nicht gelingen, die Tapf'ren zu bezwingen.

Gewalt vermochte nimmermehr das Städtchen zu besiegen;
doch blieb das ganze Feindesheer rings um die Mauern liegen,
dass Hunger es beinah' bezwang; schon droht den Bürgern Untergang,
bis sie, die Not zu enden, zu einer List sich wenden.

Ein fettes Hündlein wird erseh'n, das schwer bedrängte Bretten
womöglich vor dem Untergehn und Hungertod zu retten.
Man mästet nun das Tier so sehr, dass es so feist ward, dick und schwer,
dem Feinde nur zum Trug doch, als hätt' man Fleisch genug noch.

Als dieser bald darauf die Stadt mit stolzem Trotz soeben
von Neuem aufgefordert hat, sich endlich zu ergeben:
Da kroch gemächlich aus dem Tor ein fett gemästet Tier hervor,
als sollt sein voller Magen dem Feind die Antwort sagen.

Obwohl ihn solcher Spott verdross, vergaß er, sich zu rächen,
und fand für gut mit seinem Tross, soforten abzubrechen.
Er schickt mit zornentflammtem Blick schwanzlos den armen Hund zurück.
So hat für fette Bissen das Hündlein büßen müssen.

Doch um dem Hündlein für die Tat ein Denkmal zu erbauen,
beschloss hierauf der Magistrat, sein Bildnis auszubauen.
So sieht man jetzo spät und früh am Dache Sankt Laurentii
den Hund, den immer fetten: Das ist der Hund von Bretten!

Gedichtpfad

Der im Jahr 2000 im Karlsruher Hardtwald angelegte Gedichtpfad zeigt auf 13 Tafeln Waldgedichte u. a. von Theodor Heuss, Johann Wolfgang von Goethe, Hermann Hesse und Joseph von Eichendorff. Besonders originell und beherzigenswert ist das Gedicht »Dr. Wald« des 2013 verstorbenen Karlsruher Försters Helmut Dagenbach, die Tafel ist an der Graf-von-Wiser-Eiche angebracht:

Dr. Wald

Wenn ich an Kopfweh
leide und Neurose,
mich unverstanden fühle oder alt,
wenn mich die holden Musen nicht
liebkosen,
dann konsultiere ich den Dr. Wald.
Er ist mein Augenarzt und
mein Psychiater,
mein Orthopäde und mein Internist.
Er hilft mir sicher über jeden Kater,
ob er von Kummer oder Cognac ist.
Er hält nicht viel von
Pülverchen und Pillen,
doch um so mehr von Luft
und Sonnenschein!
Und kaum empfängt mich
seine duft'ge Stille,
raunt er mir zu: nun atme mal tief ein!
Ist seine Praxis auch sehr überlaufen,
in seiner Obhut läuft man sich gesund,
und Kreislaufkranke, die
noch heute schnaufen,
sind morgen ohne klinischen Befund.
Er bringt uns immer
wieder auf die Beine
und unsere Seelen stets
ins Gleichgewicht,
verhindert Fettansatz und Gallensteine –
bloß Hausbesuche macht er leider nicht!

die Autobahn und den Kreuzlachgraben und gelangen am Schützenhaus vorbei (Einkehrmöglichkeit) durch eine Straßenunterführung nach **Blankenloch**. Beim Radwegweiser am Ortseingang biegen wir links ab („Karlsruhe 10 km") 11 und können beim nächsten Wegweiser abkürzen und rechts den Radwegzeichen zum **Bahnhof Blankenloch** 12 folgen. Wenn wir noch weiterwollen, fahren wir geradeaus am Friedhof vorbei und halten uns beim Ortsausgang

Walk'sches Haus in Weingarten.

Das Karlsruher Mundwerk

Das Karlsruher Mundwerk von Patricia Blum ist ein gegeneinander gestellter Unter- und Oberkiefer mit Zähnen aus Stämmen verschiedener Baumarten. Einer der Zähne musste bereits bei der Aufstellung mit einer vergoldeten Keramikfüllung, die in der Majolika-Porzellanmanufaktur Karlsruhe gefertigt wurde, repariert werden. In der Mitte des Objekts liegt eine Zahnbürste, bestehend aus Kacheln der Majolika und einer Buchenhecke. Fertig gestellt wurde die Installation im Jahr 2000. Sie hat eine Größe von 30 auf 20 m. Die Zahnbürste selbst hat eine Länge von 25 m. Inzwischen hat der Zahn der Zeit kräftig am Gebiss genagt. Weitere Informationen zur Künstlerin Patricia Blum erhalten Sie im Internet unter www.karlsruher-mundwerk.de.

rechts („Karlsruhe 8,9 km") 13. Nun geht es etwas rechts versetzt in die Büchiger Straße, bei der S-Bahn-Haltestelle „Tolnaplatz" rechts und gleich wieder links in die Allmendstraße, geradeaus durch die Bahnunterführung 14, links parallel zu den Gleisen („Karlsruhe 8,5 km") und nach 250 m rechts in den Wald. Wir radeln immer den Zeichen nach über eine Landstraße und den **Pfinz-Entlastungskanal** 15. 400 m nach Querung einer weiteren Straße biegen wir rechts ab und folgen dem Zeichen rotes Rechteck zur Graf-von-Wiser-Eiche 16.

Beim Gedicht „Dr. Wald" beginnt der Gedichtpfad, wir bleiben geradeaus und können nach 250 m links mit kleinem Abstecher zu Fuß dem Gedichtpfad einen Besuch abstatten, bevor wir wenig später auf die Friedrichstaler Allee treffen. Auf ihr fahren wir nach links und können 800 m weiter links mit kurzem Abstecher auf dem Karl-Drais-Weg das **Karlsruher Mundwerk** 17 besuchen. Weiter geht's auf der Friedrichstaler Allee über den Adenauerring, beim nächsten Querweg rechts zum schmiedeeisernen Tor und durch den Schlosspark zum **Karlsruher Schloss** 18.

Das Karlsruher Schloss

Mittelpunkt der „Fächerstadt" ist das Karlsruher Schloss. Von hier aus bilden 32 Radialstraßen den „Fächer", aus dem der typische Karlsruher Stadtgrundriss besteht. Die Zentralachse dieser Strahlen ist die „Via Triumphalis". Die einmalige Symmetrie kann man besonders gut vom Schlossturm aus erkennen.

Mit dem Schloss beginnt die Geschichte der Stadt Karlsruhe: Am 17. Juni 1715 erfolgte die Grundsteinlegung für die neue Residenz des Markgrafen Karl Wilhelm von Baden-Durlach, genannt „Carols Ruh". Zu dieser Zeit entstand das Gebäude mitten im Wald und angelegt als Lustschloss. Dieses erste und zentrale Gebäude der neu entstehenden Stadt diente für knapp 200 Jahre den Markgrafen und später den Kurfürsten und Großherzögen von Baden als Wohn- und Regierungssitz.

Das heutige barocke Aussehen entspringt der zweiten Hälfte des 18. Jahrhunderts. Pläne Balthasar Neumanns für Umbauten und Erweiterungen wurden von den Architekten Albrecht Friedrich von Kesslau und seinem Nachfolger Wilhelm Jeremias Müller, beides Baudirektoren am badischen Hof, in die Tat umgesetzt. Müller ließ auch den ursprünglich freistehenden Schlossturm an den Mittelbau des Gebäudes anbinden und mit der kennzeichnenden Kuppel versehen.

Seit 1921 – wenige Jahre nach Abschaffung der Monarchie in Deutschland und der Vorrechte des Adels – ist das Schloss Sitz des Badischen Landesmuseums. Nachdem im September 1944 Brandbomben das Schloss weitreichend zerstörten, wurde nur das Äußere historisch korrekt wiederaufgebaut. Eine Rekonstruktion des Gebäudeinneren fand nicht statt, stattdessen entschied man sich für einen an die Erfordernisse eines modernen Museumsbetriebs angepassten Bau.

Rundtour von Leopoldshafen über Germersheim und Insel Rott nach Linkenheim oder zurück nach Leopoldshafen

7

Links vom Rhein nach Germersheim, rechts vom Rhein retour

↦ 40–44 km

80 Hm

Von Leopoldshafen über Rheinfähre, Schleusenhaus, Germersheim, Elisabethenwört, Alt-Dettenheim und Insel Rott nach Linkenheim oder zurück nach Leopoldshafen

leichte Radtour ohne nennenswerte Steigungen, meist auf Asphalt- oder Forstwegen

Leopoldshafen (Naturdenkmal Dünenvegetation, Altes Rathaus, Alter Hafen, Vogelpark); Rheinauenlandschaft mit mehreren Naturschutzgebieten; Altstadt Germersheim; Rheinufer mit Wasserlehrpfad

Restaurant „Rheinblick" (Mo Ruhetag); Schleusenhaus Sondernheim (Mi/So ge-

Die Radtour durch eine herrliche Auenlandschaft folgt weitgehend der „Veloroute Rhein", die beiderseits des Rheines die Städte Basel und Mainz auf einer Länge von jeweils über 400 km verbindet. Die Veloroute ist Teil des internationalen 1233 km langen Rheinradweges von Andermatt in den Schweizer Alpen bis zur Rheinmündung in die Nordsee. Ein bedeutendes Etappenziel auf halber Strecke ist die alte Festungsstadt Germersheim, sie verdient es, dass wir genügend Zeit für eine ausführliche Besichtigung einplanen. Kurz vor dem Ziel durchqueren wir die Insel Rott, sie befindet sich inmitten eines Naturschutzgebietes direkt am Rhein. Badeseen sowie Wander- und Fahrradwege umschließen das Land, ein bekanntes Fischlokal lädt zur zünftigen Einkehr ein. Für die Rheinüberquerung sind wir auf die Mithilfe der Rheinfähre angewiesen; dabei ist zu beachten, dass die Fähre im Dezember und Januar gar nicht und im November, Februar und März nur eingeschränkt in Betrieb ist. Im Zweifelsfalle erkundige man sich per Telefon (0176/21826198) oder im Internet nach den aktuellen Fahrzeiten. Die rechtsrheinische Route ist teilweise lückenhaft markiert, bitte deshalb aufmerksam der Wegbeschreibung folgen!

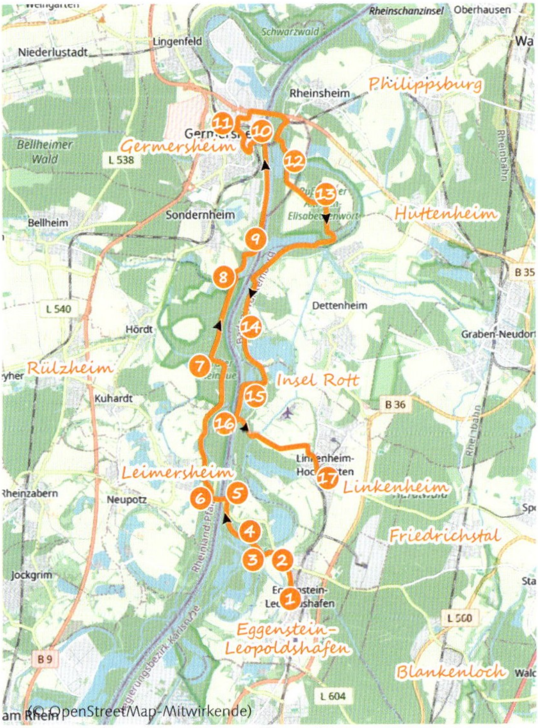

Auf dem Weg zur Insel Rott.

Von der **Haltestelle „Leopoldshafen-Viermorgen"** 1 aus fahren wir am Bahnsteigende links über das Gleis, rechts am Sonnenstudio vorbei zur Kreisstraße, neben ihr 50 m nach links, schwenken halblinks in einen Teerweg und folgen bis zur Fähre den Radwegzeichen sowie der Markierung gelbes Dreieck: durch das flächenhafte **Naturdenkmal Dünenvegetation** nach Leopoldshafen, an einem Spielplatz vorbei durch den Ort, dann, wenn das Radwegzeichen nach links weist, dem gelben Dreieck nach, ein paar Meter bergan und links zum **Alten Rathaus** 2, einem wunderschönen Fachwerkhaus, das heute als Heimatmuseum dient. Wir fahren links an ihm vorbei, links auf der Hafenstraße zur nächsten Verzweigung beim **Alten Hafen** 3. Hier schicken uns die Markierung und das Radwegzeichen nach rechts auf einen Schotterweg parallel zum Hochwasserdamm. Beim ehemaligen Gasthaus „Pirat" können wir nach rechts mit einem kleinen Abstecher dem **Vogelpark** 4

öffnet); Ziegelei; Germersheim; Gasthaus „Insel Rott am Rhein" (Mo/Di Ruhetage); Leopoldshafen bzw. Linkenheim

INFOS

Freizeitkarte 1:50 000 des LGL BW, Blatt F516; Top-Stern Wanderkarte 1:40 000, Blatt „Südpfalz"

www.egg-leo.de; www.vogelfreunde-leopoldshafen.de; www.rheinfaehre-neuburg.de; www.germersheim.de; www.rasthaus-ziegelei.de; www.inselrott.de; www.linkenheim-hochstetten.de; www.efa-bw.de (Fahrplanauskunft)

ab Karlsruhe mit der S1 bis Leopoldshafen Viermorgen; Rückfahrt ab Linkenheim Rathaus mit der S1;

mit dem Auto: bis Leopoldshafen (Parkmöglichkeit in der Nähe der Haltestelle Viermorgen) oder bis zur Fähranlegestell

Im Vogelpark Leopoldshafen.

einen Besuch abstatten. Weiter geht's auf dem Schotterweg bis zu einer Straße und auf ihr nach links zur **Anlegestelle der Rheinfähre** 5 beim Restaurant „Rheinblick" (Einkehrmöglichkeit).

Nach dem Übersetzen werfen wir einen Blick auf den Radwegweiser 6: Die Radwegzeichen und Schilder „Germersheim" werden uns zuverlässig bis zum Etappenziel Germersheim geleiten. Nach 350 m auf der Straße geht es links ab zum Hochwasserdamm. Falls die Baustelle für ein Schöpfwerk noch besteht, folgen wir den Umleitungsschildern, ansonsten biegen wir rechts ab und radeln auf gemütlichem Asphaltweg immer neben dem Damm: anfangs parallel zu einem Altrheinarm durch das Naturschutzgebiet Karlskopf, dann durch schönen Rheinauenwald durch das Naturschutzgebiet Rheinaue 7, immer den Schildern „Germersheim" folgend, über den Sondernheimer Altrhein zum **Schleusenhaus** 8 (Mi und So Einkehrmöglichkeit). Beim übernächsten Radwegweiser biegen wir rechts ab („Germersheim 5,3 km"), treffen beim **Rasthaus Ziegelei** 9 (Einkehrmöglichkeit) auf den Rhein und radeln auf der schönen Rheinpromenade an vielen Tafeln des Wasserlehrpfades vorbei. Kurz nach der Bahnbrücke schwenken wir nach links („Stadtmitte 1,0 km") und folgen den Radwegzeichen durch eine Bahnunterführung zum Kreisel beim **S-Bahn-Haltepunkt „Germersheim Mitte"** 10.

Wir fahren links („Stadtmitte 0,7 km") in die August-Keiler-Straße, biegen nach 300 m rechts ab, passieren die

Festungsanlage Fronte Lamotte mit dem berühmten **Weißenburger Tor** und folgen den Radwegzeichen nach rechts über den Paradeplatz und Luitpoldplatz („Bahnhof 1,1 km") durch die Innenstadt, dann links auf der Bahnhofstraße („Bahnhof 0,6 km") am **Ludwigstor** vorbei zu einem Kreisel. Wenn wir abkürzen wollen, erreichen wir nach 500 m geradeaus den **Bahnhof** 11. Im anderen Falle halten wir uns rechts („Lingenfeld 4,4 km"), fahren durch die Bahnunterführung, beim nächsten Kreisel rechts in die Münchener Straße, links in die Wörthstraße, nach 200 m rechts („Philippsburg 6,9 km") über die **Rheinbrücke** und biegen dann rechts ab („Elisabethenwört 2 km"), nun auch mit blauem „R" markiert. Wir radeln unter einer Bahnbrücke hindurch, an der **Bootshausgaststätte** 12 vorbei am Naturschutzgebiet Rußheimer Altrhein entlang, halten uns nach 700 m halblinks („Fa. Semler") und fahren durch Wiesen und

Aldrhei

wo's wasser schdehd
so u'bewegd
un d'beem im schbiegl
sich begugge

de herbschd scho gehd
an d'blädder dro
dud bund an d'weld
norugge

nix will
selle szen' do schdeere
koi gräusch
koi laut
isch grad zu heere

de himml dud uff nimeh do
verschdeggeld sich im driewe
de augebligg wie immer so
die zeid,
grad schdeh gebliewe

(Michael Köhler)

Das Heimatmuseum Eggenstein-Leopoldshafen

Das Heimatmuseum Eggenstein-Leopoldshafen befindet sich in einem schon 1721 erbauten Gebäude. Es diente als Rathaus, Schule und Betsaal und steht unter Denkmalschutz. 1980 wurde es zum Heimatmuseum umgestaltet. Im Erdgeschoss wurde eine Wohnung aus der Zeit um 1890 mit Stube, Küche und Vorratskammer rekonstruiert. Das Obergeschoss stellt Siedlungsfunde aus der Stein- und Bronzezeit, der Phase römischer Besiedlung und dem frühen Mittelalter aus und informiert mit deren Unterstützung über die Geschichte der Gemeinde. Im Dachgeschoss informieren historische Utensilien aus Landwirtschaft und Gewerbe die Besuchenden.

Das Museum ist sonntags außer Ostern, Pfingsten und Weihnachten von 11 bis 16 Uhr geöffnet. In unmittelbarer Nachbarschaft zum Heimatmuseum befindet sich das historische Waaghäusle.

Auenwald des Naturschutzgebiets **Elisabethenwört** 13. Bei der Tafel „Bannwald" schwenken wir nach rechts, bei einer Schranke nach links und fahren am Rußheimer Altrhein entlang. Nach 150 m halten wir uns rechts und nach

Sehenswertes in Germersheim

Die Germersheimer Innenstadt ist geprägt durch die gut erhaltenen Gebäude der historischen Festung. Dazu gehören:

Das Weißenburger Tor: 1839 als Teil der Fronte Lamotte erbaut war es eines der beiden Stadttore. Die Pläne hierzu stammten vom Münchner Professor Friedrich von Gärtner. Von hier aus starten die Stadt- und Festungsführungen sowie genussvolle Weinproben. Zudem befinden sich darin die ständige Ausstellung zur Festungsgeschichte und das Tourismus-Zentrum der Stadt.

Die Fronte Beckers: 250 Meter lang ist dieser beeindruckende und gut erhaltene Teil der Festung. Benannt wurde er nach dem bayerischen General Karl August Reichsgraf von Beckers zu Westerstetten. Man kann hier gut das historische Befestigungssystem mit seiner Grabenwehr (Hufeisen), der Hauptumwallung, den Poternen und unterirdischen Minengalerien nachvollziehen. Heute befinden sich in der Grabenwehr das Jugendzentrum und die städtische Musikschule.

Das Ludwigstor war das zweite, westliche Stadttor. Das heutige Museum präsentiert umfangreiche Sammlungen und viele Exponate zur Germersheimer Stadt- und Festungsgeschichte sowie zur Geschichte der Region.

der Altrheinbrücke nochmals rechts in einen unmarkierten Forstweg. Wir passieren die Pfinzhütte, queren einen Damm und folgen nun wieder dem blauen „R" an einem Bootshafen vorbei auf Forstwegen durch schönen Auenwald. Bald berühren wir für kurze Zeit den Rhein, fahren weiter Richtung Alt-Dettenheim auf dem Hochwasserdamm, streifen wenig später die Streusiedlung **Alt-Dettenheim** 14 und die Kiesgrube Dettenheim. Bald kreuzt ein Sträßchen den Damm, hier biegen wir rechts ab und folgen dem blauen „R" auf die Insel Rott, vorbei am Gasthaus „Insel Rott am Rhein" 15 (Einkehrmöglichkeit) zum Rheinufer, dann links auf der Rheinpromenade, bis ein Radwegweiser links nach Linkenheim weist 16. Wenn wir mit dem Auto angefahren sind, bleiben wir geradeaus und gelangen über den Fähranleger zurück zum Ausgangspunkt. Bahnreisende können hier abkürzen, links abzweigen und immer geradeaus über den Rheinniederungskanal nach Linkenheim fahren: auf dem Reitäckerweg, links in die Rheinstraße, rechts in die Hochstetter Straße und an der Kirche vorbei auf der Karlsruher Straße zur **S-Bahn-Haltestelle „Linkenheim Rathaus"** 17.

Radtour von Leopoldshafen auf der Veloroute Rhein nach Lauterbourg 8

Rechts und links vom Vater Rhein

↦ 39 km

▲ 0 Hm

Von Leopoldshafen über Rheinfähre, Wörth und Neuburg nach Lauterbourg in Frankreich

leichte Radtour ohne nennenswerte Steigungen, meist auf asphaltierten Wegen

Leopoldshafen (Naturdenkmal Dünenvegetation, Altes Rathaus, Alter Hafen, Vogelpark); Leopoldshafener Rheinauen; Naturschutzgebiete Goldgrund, Stixwörth und Silberweiden; Containerhafen Wörth; Lauterbourg (Metzgerturm, Kapelle Maria Hilf u. a.)

Restaurant „Rheinblick“; Rheinschänke „Pfälzer Land“; Gasthaus Ritterhecke (Di Ruhetag); Maximiliansau; Schiffsrestaurant

Die wenig anstrengende und abwechslungsreiche Radtour durch die Landschaft der Rheinauen eignet sich wunderbar als Familienausflug mit Kindern; wenn sie noch kleiner sind, kann man die Tour im Maximiliansau abkürzen oder in zwei Teilstrecken zerlegen. Unterwegs sollte man sich ab und zu einen Abstecher zu Fuß in die urige Auenlandschaft gönnen (Mückenschutzmittel nicht vergessen!). Für die Rheinüberquerung sind wir auf die Mithilfe der Rheinfähre angewiesen; dabei ist zu beachten, dass die Fähre im Dezember und Januar gar nicht und im November, Februar und März nur eingeschränkt in Betrieb ist. Im Zweifelsfalle erkundige man sich per Telefon (0176/21826198) oder im Internet nach den aktuellen Fahrzeiten.

Von der **Haltestelle „Leopoldshafen Viermorgen“** 1 aus fahren wir am Bahnsteigende links über das Gleis, rechts am Sonnenstudio vorbei zur Kreisstraße, neben ihr 50 m nach links, schwenken halblinks auf einen Teerweg und folgen bis zur Fähre den Radwegzeichen sowie der Markierung gelbes Dreieck: durch das flächenhafte **Naturdenkmal Dünenvegetation** nach Leopoldshafen und an einem

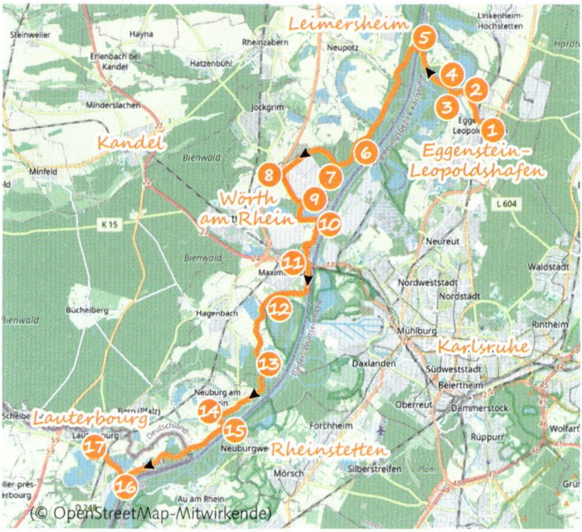

„Lautermuschel"; Restaurant „Au Bord du Rhin" (Mo/Di Ruhetag); Lauterbourg

Spielplatz vorbei durch den Ort. Wenn das Radwegzeichen nach links weist, folgen wir dem gelben Dreieck ein paar Meter bergan und links zum **Alten Rathaus** ② (siehe auch Tour 7), einem wunderschönen Fachwerkhaus, das heute als Heimatmuseum dient. Wir fahren links an ihm vorbei und links auf der Hafenstraße zur nächsten Verzweigung beim **Alten Hafen** ③. Hier schicken uns die Markierung und das Radwegzeichen nach rechts auf einen Schotterweg parallel zum Hochwasserdamm. Beim ehemaligen Gasthaus „Pirat" können wir nach rechts mit einem kleinen Abstecher dem

Abendstimmung in den Leopoldshafener Rheinauen.

Schöpfwerk Wörther Altrhein

Das **Schöpfwerk Wörther Altrhein** ist zur Verstärkung der Entwässerungsleistung am Wörther Altrhein und Wörther Altwasser seit 2005 in Betrieb. Am Schöpfwerk Wörther Altrhein sammelt sich das Wasser des Altrheins, welcher durch den Zulauf des Rheins am Zulaufbauwerk Altrhein oberhalb/nördlich des Hafens Maximiliansau und anteilig vom Druckwasser des Rheins (Grundwasser) bei Hochwasser sowie zeitweise vom Heilbach über die Schließe in der Friedrichstraße gespeist wird. Das Schöpfwerk Altrhein wird in einem Pegelbereich zwischen 101,20 müNN und 101,60 müNN mit zwei Pumpwerken (Pumpenleistung bis zu 500 l/s) über Druckleitungen zum Wörther Landeshafen betrieben. Um diesen Pegelbereich zu halten, wird der Betrieb des Schöpfwerkes Altrhein in Regelbetrieb und Hochwasserfall unterschieden, deren Steuerung vom Pegelstand am Pegel Maxau (Rhein) abhängig ist.

INFOS

Freizeitkarte 1:50 000 des LGL Baden-Württemberg, Blatt F516; Top-Stern Wander- und Radwanderkarte 1:40 000, Blatt „Südpfalz"

www.egg-leo.de; www.rheinfaehre-neuburg.de; www.woerth.de; www.au-bord-du-rhin.fr; http://www.elsass-geniessen.de/de/orte-im-elsass/Lauterburg; www.efa-bw.de (Fahrplanauskunft)

ab Karlsruhe Hbf. mit der S1 bis Leopoldshafen Viermorgen; Rückfahrt ab Lauterbourg Gare mit dem Regionalzug nach Wörth und weiter mit dem Regionalzug nach Karlsruhe Hbf.

Vogelpark 4 einen Besuch abstatten (siehe auch Tour 7). Weiter geht's auf dem Schotterweg bis zu einer Straße und auf ihr nach links zur **Anlegestelle der Rheinfähre** 5 beim Restaurante „Rheinblick" (Einkehrmöglichkeit).

Nach Überquerung des Rheins fahren wir 100 m auf der Straße, folgen dem Radwegzeichen nach links, bis wir nach gut 1 km auf die Wegweiser des Rheinradweges treffen, und biegen links ab Richtung „Wörth". Weiter geht's auf gemütlichen Asphaltwegen neben, dann auf dem Rheindamm, immer den Radwegzeichen und Wegweisern „Wörth" nach, durch schöne Auenwälder und am Altrhein Hörnel 6 entlang zum **Schöpfwerk Wörther Altrhein** 7.

Hier schickt uns das Radwegzeichen nach rechts am Altrhein südlich Jockgrim entlang zu einer Landstraße 8. Um die lange Ortsdurchfahrt durch Wörth zu vermeiden, werden wir dem Rheinradweg vorübergehend untreu, biegen links ab und radeln parallel zur Landstraße, dann bei der nächsten Kreuzung geradeaus auf der Straße am Werksgelände Mercedes-Benz entlang zu einer Querstraße und auf ihr nach rechts 9 am Containerhafen entlang parallel zu einem Industriegleis. Nach 800 m knickt unsere Straße links ab und führt am **Landeshafen Wörth** entlang zu einer Verzweigung 10. Links können wir im Gasthaus „Ritterhecke" einkehren, ansonsten geht es schwach rechts auf dem Rheindamm weiter, nach 1 km rechts ab am Kart-Eventcenter vorbei, beim FVP-Clubhaus links ab und am Sportboothafen entlang nach **Maximiliansau** zum nächsten Radwegweiser 11.

Wenn wir abkürzen wollen, biegen wir scharf rechts ab in die Maximilianstraße und gelangen beim zweiten Kreisel

Auf dem Rheinradweg nach Wörth.

Lauterbourg

Lauterbourg, direkt an der deutschen Grenze in der Nähe zu Karlsruhe gelegen, ist der östlichste Zipfel Frankreichs. Die kleine Stadt ist nach dem Fluss Lauter benannt, der das Département Bas-Rhin durchfließt. Die barocke Kirche mit gotischem Chor aus dem 15. Jahrhundert ist ein Highlight der auch ansonsten schönen Stadt. Sie eines der Meisterwerke Vaubans (1633–1707), der diesen nordöstlichen Zipfel des Elsass im Dienste des französischen Königs stehend zur Festung ausbauen ließ. Von der Stadtmauer aus dem 15. Jahrhundert mit einst 15 Türmen ist zwar nicht mehr viel übrig, doch trotz mehrmaliger schlimmer Verwüstungen sind noch Spuren aus der Vergangenheit zu finden. Heute stehen noch manche Mauerreste sowie der Metzgerturm (Tour des Bouchers) aus dem 13. Jahrhundert. Er dienste bis 1761 als Gefängnis. Weiterhin sehenswürdig ist das Landauer Tor aus dem 17. Jahrhundert, auch Unterturm genannt (Porte de Landau oder Tour du Bas). Unter dessen Dach sieht man eine steinerne Sonnenfigur, die König Ludwig XIV. gewidmet wurde.

nach links zum Haltepunkt Maximiliansau West der Regional- und S-Bahn. Wollen wir noch weiter, fahren wir geradeaus („Lauterbourg 18 km“) zum Rheinufer und nach rechts unter den Brücken hindurch auf dem Leinpfad am Rheinufer entlang. Nach 1 km schickt uns die Markierung nach rechts auf den Hochwasserdamm. Wir umrunden das **Naturschutzgebiet Goldgrund** 12 und folgen den Schildern „Lauterbourg“ über Wiesen und Felder, vorbei an einem Rastplatz, einem Kieswerk und am **Naturschutzgebiet Stixwörth** 13 zu einem weiteren Altrheinarm, durch den die **Lauter** 14 kurz vor ihrer Mündung fließt. Bei einer Kreuzung können wir einen kleinen Abstecher nach links zum Schiffsrestaurant „Lautermuschel“ machen. Wir radeln am Schöpfwerk **Neuburg** vorbei zu den ersten Häusern von Neuburg, halten uns dann zweimal links und gelangen zum **Rheinufer** bei der Anlegestelle der Neuburgweierer Fähre 15.

Nun folgen wir den Radwegzeichen nach rechts am Rheinufer entlang, überschreiten wenig später die deutsch-französische Grenze und radeln am Naturschutzgebiet Silberweiden und nochmals am Rhein entlang zum Restaurant „Au Bord du Rhin“ 16. Hier biegen wir rechts ab („Lauterbourg 2 km“), radeln neben der Straße zu einem Kreisel und gelangen rechts nach **Lauterbourg**. Nach dem Bahnübergang halten wir uns scharf links und kommen nach wenigen Metern zum Bahnhof 17.

Radtour von Kandel über Herxheim nach Germersheim 9

Zwei Kapellen und eine Wüstung

↦ 33 km

▲ 20 Hm

Von Kandel über Hayna, Herxheim und Bellheim nach Germersheim

leichte Tour ohne nennenswerte Steigungen, meist auf Wirtschafts- und Forstwegen

Zwei Kapellen; Wüstung Friedrichsbühl; Altstadt Germersheim

in allen Orten am Wegesrand; Schützenhaus Bellheim (Mi–So geöffnet)

Die mit rund 33 km nicht allzu lange und wenig anstrengende Radwanderung führt uns durch die Felder und Wälder der westlichen Rheinebene und lässt sich auch sehr gut als Familienausflug mit älteren Kindern durchführen, zumal es, wenn die Kräfte doch vorzeitig erlahmen sollten, nach gut 20 km in Bellheim eine Kürzungsmöglichkeit gibt. Neben schönen Landschaftsbildern sorgen auch einige Sehenswürdigkeiten für Abwechslung, so das schöne Dorfbild von Herxheim mit dem interessanten Dorfbrunnen, zwei kleine zwischen Herxheim und Rülzheim gelegene Kapellen oder die nördlich von Bellheim gelegene Wüstung des ehemaligen Schlosses Friedrichsbühl, wo man eine – wohl nicht ganz ernst gemeinte – Aussichtsplattform für die sagenumwobenenen „Elwetritsche" gebaut hat, und nicht zuletzt im Zielort Germersheim die imposante Festungsanlage Fronte Beckers (siehe auch Tour 7).

Dorfbrunnen vor der Villa Wieser in Herxheim. Von der VG Herxheim kostenlos zur Verfügung gestellt.

Vom **Bahnhof Kandel** 1 aus folgen wir immer den Radwegweisern „Herxheim": geradeaus in die Gartenstraße, rechts in den Dierbachweg, beim Ortsende links, beim großen Kreisel geradeaus, über die Autobahnbrücke und, immer

Der Herxheimer Dorfbrunnen

Der Herxheimer Dorfbrunnen verbindet historische Bausubstanz mit moderner Platzgestaltung. Er wurde von Gernot und Barbara Rumpf ausgearbeitet und gibt mit seinen Bronzeplastiken der Ortsmitte Herxheims eine besondere Prägung. Die Symboliken zeigen den Facettenreichtum der Gemeinde: Tabakpflanzen erinnern an die lange Tradition des Tabaks, gemeinsam mit dem Herxheimer Tabakshasen („Duwakshase"). Ein Rennpferd mit Einachser repräsentiert die Verbindung zum Pferdesport und das Motorrad das Herxheimer Sandbahnrennen, ein weithin bekanntes sportliches Highlight. Der Brotkorb mahnt an ein altes Gelübde: In einer Pestepidemie wurden die Herxheimer nur dadurch vor dem Verhungern bewahrt, dass die umliegenden Dörfer Brot an den Gemarkungsgrenzen ablegten. Deswegen findet noch heute jeden August die Brotweihe mit anschließender Verteilung statt, zu der von außerhalb viele Menschen kommen, um ein geweihtes Stück Brot zu empfangen. Zu guter Letzt das Einhorn verweist auf den Stil der Villa Wieser, vor der der Brunnen steht: Das Fabelwesen ist oft auf französischen Bildteppichen zu sehen und hebt so die Nähe zu Frankreich hervor.

INFOS

Top-Stern Wander- und Radwanderkarte 1:40 000, Blatt „Südpfalz"; Freizeitkarte 1:50 000 des LVermGeo Rheinland-Pfalz, Blatt „SP"

Im Internet unter www.kandel.de; www.vg-herxheim.de; www.voulas-taverne.de; www.germersheim.de; www.efa-bw.de (Fahrplanauskunft)

ab Karlsruhe Hbf. mit der Regionalbahn nach Kandel; Rückfahrt ab Germersheim mit dem Regionalzug oder der S-Bahn zurück nach Karlsruhe

Feste Fronte Beckers in Germersheim.

den Radwegzeichen und -schildern nach, am Holderbühler Hof und Erlenhof vorbei durch Felder und schönen Auenwald nach **Hayna** 2. Wir werfen einen Blick auf die schmucken Fachwerkhäuser und gelangen auf dem Fuß-/Radweg parallel zur Straße nach **Herxheim**. Beim Kreisel 3 halten wir uns geradeaus, beim Ortsschild rechts und gleich wieder links und biegen 200 m weiter links ab auf einen geplättelten Weg (Achtung: leicht zu übersehen!). Wenn er endet, geht es etwas rechts versetzt weiter an der Kirche vorbei und nun den Radwegweisern „Haßloch " nach zum Rathaus in der Oberen Hauptstraße. Bevor wir etwas rechts versetzt weiterfahren, werfen wir linker Hand einen Blick auf den interessanten **Dorfbrunnen** 4 vor der Villa Wieser.

Nun geht's auf der Speyerer Straße weiter. Auf ihr bleiben wir geradeaus, wenn die Radwegzeichen nach rechts weisen, und gelangen wenig später zur kleinen **Speyerer Kapelle** 5. Wir biegen rechts ab („Augustastraße") und 300 m weiter links („Am Hinterweg"), radeln aus dem Ort und durch Felder, halten uns, wenn es geradeaus nicht mehr weiter geht, rechts und gleich wieder links und treffen wenig später auf die **Arme-Seelen-Kapelle** beim Buchenhof 6.

Wir schwenken nach links und fahren über eine kleine Anhöhe durch das Gebiet einer Windkraftanlage, genießen die schöne Fernsicht auf die Berge des Pfälzerwaldes und treffen nach einer Rechtskurve wieder auf Radwegweiser. Hier bleiben wir geradeaus, folgen den Schildern „Bell-

Die Arme-Seelen-Kapelle

Diese Kapelle wurde von Johann Baptist Hörner und Barbara geb. Körper 1864 errichtet. Es ist unklar, aber kann vermutet werden, dass dies zum Gedenken an die tragisch verstorbenen fünf Kinder der Ackerleute geschah. Noch im Baujahr ging der Besitz an der Kapelle an die katholische Kirche in Herxheimweyher über, wobei der Unterhalt durch die Schenkenden bis zu ihrem Tod zugesichert wurde. Die Kapelle ist größer als andere Flurkapellen, unter anderem durch einen großen Vorraum, der vom Vordach auf zwei gemauerten Stützpfeilern geschaffen wird. Das Dach wird von einem Dachreitertürmchen mit abschließendem Kreuz geziert. Innen stehen neben dem Altar mit Kreuzigungsgruppe mehrere Figuren: links eine Statue des heiligen Josef, rechts die Unbefleckte Empfängnis Maria. Eine Pietà, seit 1918 in der Kapelle, ist mittlerweile nach mehreren Einbrüchen im Pfarrhaus aufgestellt.

heim", erreichen nach einer Straßenüberführung den Ort und radeln ins Zentrum **Bellheims** 7 zum nächsten Wegweiser. Wenn wir abkürzen wollen, halten wir uns rechts und fahren zum Bahnhof Bellheim, wo wir eine Verbindung über Wörth zurück nach Karlsruhe haben.

Wenn wir noch weiterwollen, bleiben wir geradeaus und folgen den Wegweisern „Edenkoben" an der Kirche St. Michael vorbei, biegen beim Kreisel nach der Aral-Tankstelle rechts ab in die Postgrabenstraße, dann links Richtung „Schützenhaus" zum **Bellheimer Schützenhaus** 8 (Mi–So Einkehrmöglichkeit) und folgen nun den Radwegweisern „Germersheim" geradeaus. Wir fahren auf abwechslungsreichen Forstwegen durch schönen Auenwald zu einem kleinen Rastplatz. Hier gönnen wir uns einen kleinen Abstecher nach rechts zur **Wüstung Friedrichsbühl** 9, einem

Ludwigstor mit Stadt- und Festungsmuseum.

vom Pfalzgrafen Friedrich II. im Jahre 1550 erbauten und im Dreißigjährigen Krieg zerstörten Jagdschloss. Die spärlichen Überreste kann man sich von der „Elwetritsche"-Aussichtsplattform anschauen.

Denkstein bei der Wüstung Friedrichsbühl.

Wir folgen weiter dem Wegverlauf, nun auch als „Queichtalradweg" markiert, etwas später rechts ein kurzes Stück parallel zur Landstraße, biegen links ab in den Wald und radeln durch eine Unterführung 10, an der Südpfalzkaserne vorbei und neben der Landstraße nach **Germersheim**. Beim Kreisel halten wir uns geradeaus, 100 m weiter halblinks („Stadtmitte 1,3 km"), beim nächsten Kreisel rechts („An Fronte Beckers") und sind wenig später bei der mächtigen **Festungsanlage Fronte Beckers** 11. Wir schwenken rechts in die Klosterstraße und radeln den Wegweisern „Bahnhof" nach am **Ludwigstor** mit dem Stadt- und Festungsmuseum vorbei zum Bahnhof 12.

Iwwer die Elwetrittsche (bestia palatinensis)

'sis Herbscht. Jetzt kummen se widder raus,
die Elwetrittsche. Wenn ner Glick hänn,
kenne mer fer e Bruchteil
Sekund ennie sehe. Unn fer
die Leit, die net wisse, was des is, e
Elwetrittsch,
verzeel ich unnedra, was es uff
sich hot, mett die Elwetrittsche.
Apropos Elwetrittsche, nur weenich Leit
wisse iwwerhaupt, was des is. Ich verzeel
in Hochdeitsch, domett a die annere Leit
was verstehn:
Elwetrittsche sind Lebewesen, die unbeschreiblich
sind. Die Elwetrittschologen
sind sich nicht einig, ob sie zwei oder
vier Beine haben, ob sie Flügel haben, ob
sie ein Maul oder einen Schnabel haben.
Sogar über die Schreibweise des Namens
gibt es verschiedene Meinungen unter
den Fachleuten. Die meisten Kenner der
Materie gehen von einem vogelähnlichen
Wesen aus. Der Künstler Gernot Rumpf
hat in Neustadt an der Weinstraße am
Klemmhof einen Elwetrittsche-Brunnen
geschaffen. Da steht selbstverständlich
die künstlerische Fantasie dahinter.
Denn auch Gernot Rumpf muss gestehen –
wenn er ehrlich ist –, dass er noch keine
Elwetrittsche gesehen hat. Man weiß nur
mit Sicherheit, dass dieses Lebewesen
nur in der Pfalz vorkommt, vornehmlich
im Pfälzerwald.
Wer erfahren will, wie man Elwetrittsche
fängt und sie zu Hause versorgt,
kann sich auf der Webseite des Dernbacher
Hauses (www.dernbacher-haus.de)
weiterbilden.

Radtour von Wissembourg über Schweigen, Bienwaldmühle und Kandel nach Wörth

10

Auf der Mordallee quer durch den Bienwald

41 km

80 Hm

Von Wissembourg über Schweigen, Schweighofen, Bienwaldmühle und Kandel nach Wörth am Rhein

leichte bis mittelschwere Radtour, bis Schweighofen mit kleinen Steigungen, dann ohne nennenswerte Steigungen

Altstadt von Wissembourg; Deutsches Weintor; Redouten der Lauterlinien ; Bienwaldmühle; Gedenktafel für Förster Canditus; Otterbachtal; Fun Forest Abenteuerpark (Kletterpark)

Deutsches Weintor; Bienwaldmühle; Naturfreundehaus Bienwald (Mo/Di Ruhetag); Kandel; Wörth

Lassen Sie sich nicht durch die Überschrift abschrecken: Auf der Mordallee geschah tatsächlich ein Mord, er liegt allerdings schon über 160 Jahre zurück: Wie eine Gedenktafel berichtet, wurde im Jahre 1854 an diesem Weg der Förster Canditus von Wilderern ermordet. Nun, derlei Ängste braucht man wohl heutzutage nicht mehr zu haben, und es wäre auch jammerschade, auf die wunderschöne und abwechslungsreiche Radtour zu verzichten. Das Naturerlebnis steht dabei im Vordergrund, es gibt aber auch einige Sehenswürdigkeiten wie den historischen Stadtkern von Wissembourg (siehe auch Tour 1), das berühmte Deutsche Weintor (siehe auch Tour 2) oder die Redouten der Lauterlinien. Bis Schweighofen gibt es ein paar kleine Steigungen, der Bienwald selbst ist dann bretteben. So empfiehlt es sich, wenn man einen Familienausflug mit Kindern plant, Schweighofen als Ausgangspunkt zu wählen (in diesem Falle überspringe man den ersten Absatz der Wegbeschreibung) und die Tour evtl. schon in Kandel zu beenden, vielleicht als Krönung noch mit einem Besuch des Fun Forest Abenteuerparks (Kletterpark). Ein Großteil der Wegstrecke ist nicht markiert, bitte deshalb aufmerksam der Wegbeschreibung folgen!

Vor dem **Bahnhof Wissembourg** 1 halten wir uns links, beim Kreisel rechts, fahren über die Lauterbrücke und geradeaus auf der Rue du Général Leclerc und Rue de la République zum Marktplatz 2. Wir schwenken nach rechts in die Rue Nationale, biegen bei der nächsten Ampel links ab und radeln auf dem Fuß-/Radweg parallel zur B 38 über die Staatsgrenze nach **Schweigen**. Beim großen Kreisel gönnen

Links: Auf der Mordallee.

Deutsches Weintor in Schweigen.

wir uns erst einmal einen kurzen Abstecher geradeaus zum **Deutschen Weintor** 3 (Einkehrmöglichkeit, siehe auch Tour 2). Wieder zurück zum Kreisel, biegen wir links ab auf einen betonierten Wirtschaftsweg und folgen nun immer den Radwegzeichen durch Felder und Weinberge, immer in leichtem Auf und Ab, nach **Schweighofen.** 300 m nach der Kirche geht es rechts ab („Bienwaldmühle 7,6 km") zum **Bahnhaltepunkt Schweighofen** 4.

Hier halten wir uns schwach links und folgen dem Radwegweiser „Bienwaldmühle" immer geradeaus auf breitem Forstweg durch den Bienwald. Wenn der Radweg nach Kapsweyer links abknickt, bleiben wir geradeaus, treffen bald auf ein Sträßchen, das uns an den **Redouten der Lauterlinien** 5 (siehe auch Tour 11) und an der Bienwaldziegelhütte vorbei zur **Bienwaldmühle** 6 (Einkehrmöglichkeit) leitet. Hier biegen wir links ab („Lauterbourg 9,7 km") und schwenken 300 m weiter (etwa 50 m vor dem Ortsausgangsschild) nochmals links auf einen etwas holprigen Forstweg. Nun geht es eine Zeit lang ohne Markierung weiter. Wir kreuzen die Wandermarkierung grüner Balken, biegen 300 m weiter links ab und radeln immer geradeaus bis zu einem Querweg, wo es geradeaus nicht mehr weitergeht. Hier halten wir uns rechts und fahren auf geschottertem, später asphaltiertem Weg immer geradeaus, gelangen an einem kleinen idyllischen Weiher vorbei über die **Heilbachbrücke** 7 und queren eine Kreisstraße. Nach 1,5 km (beim Rettungspunkt 6914-911) 8 biegen wir halb-

INFOS

Top-Stern Wander- und Radwanderkarte 1:40 000, Blatt „Südpfalz"; Freizeitkarte 1:50 000 des LVermGeo Rheinland-Pfalz, Blatt "SP"

www.bonjour-elsass.de/wissembourg; www.woerth.de; www.bienwaldmuehle.de; www.abenteuerpark-kandel.de; www.efa-bw.de (Fahrplanauskunft)

ab Karlsruhe Hbf. mit der Regionalbahn Richtung Neustadt bis Winden und weiter mit dem Zug bis Wissembourg (bzw. für die kürzere Version bis Schweighofen); Rückfahrt ab Kandel oder Wörth am Rhein mit dem Regionalzug

Stadtszene in Wissembourg.

Otterbach

Der Otterbach ist ein 42 km langer Bach in der Südpfalz. Er entspringt im oberen Mundatwald auf ca. 300 m Höhe östlich der Burg Guttenberg. Nach dem Durchbruch durch das Mittelgebirge durchfließt er die Gemeinden Ober- und Niederotterbach, fließt dann weiter durch den Bienwald, bildet die Grenze zwischen den Gemarkungen Kandel und Wörth und mäandert im weiteren Verlauf bis Jockgrim stark. Bei Leimersheim ist er zum Fischmal aufgestaut; das Stillgewässer ist ein Biotop für zahlreiche Wasservögel und Pflanzen. Anschließend vereinigt sich der Otterbach mit dem Erlenbach zum Michelsbach, einer ehemaligen Flussschleife des Rheins, die nach 12 km in den Rhein mündet.

Fun Forest AbenteuerPark

Der Fun Forest AbenteuerPark Kandel ist der größte Kletterpark Europas mit permanentem Sicherungssystem. Seit Eröffnung im Jahr 2006 kletterten bereits über 400 000 Gäste durch die 24 spannenden Hochseilparcours. Auf einer Fläche von ca. 7 Hektar sind im Kandeler Bienwald über 200 Bäume mit ca. 17 000 m Stahlseil verbunden. Von zahlreichen Einsteigerparcours über die 250-m-Riesenrutsche bis hin zu anspruchsvollen Profiparcours findet jeder seine Herausforderung bei höchster Sicherheit. Der Park ist von März bis September von 10 bis 19 Uhr bei jedem Wetter außer bei Sturm, Gewitter oder Starkregen geöffnet. Telefonische Auskunft erhält man unter der Nummer 0 72 75 / 61 80 32.

Gedenktafel für Förster Canditus.

rechts ab, nach einem weiteren Kilometer links („Naturfreundehaus Kandel") und fahren an einem alten Kriegsbunker vorbei auf bald asphaltiertem, mit Pfeilen markierten Weg. Nach einem Rechts-/Linksknick zweigt der Asphaltweg rechts ab, wir aber halten uns links, 200 m weiter rechts 9 und folgen nun der roten Raute des **Zabernweges** auf der **Mordallee** an der Gedenktafel für den ermordeten Förster 10 vorbei, queren eine weitere Straße, bleiben, wenn die rote Raute halblinks abzweigt, geradeaus und schwenken bei der **Steignerhütte** 11 nach links. Immer geradeaus bleibend radeln wir durch das **Naturschutzgebiet Otterbachtal** 12, am Bestattungsgelände „**Bienwaldruhe**" und dem **Naturfreundehaus Bienwald** 13 (Einkehrmöglichkeit) vorbei, biegen nach 700 m rechts ab („Wörth am Rhein 9 km") und gelangen an einem Sportgelände vorbei (rechts Abstecher zum Waldschwimmbad und **Fun Forest Abenteuerpark** (Kletterpark) 14 möglich) auf der Jahnstraße nach **Kandel**.

Via Rhenana

Die Via Rhenana, die Römerstraße am Rhein, wurde im frühen 1. Jahrhundert n. Chr. unter Kaiser Augustus gebaut. Sie diente zur Versorgung der Auxiliarkastelle (z. B. in Seltz, Speyer oder Rheingönheim) sowie dem Aufbau einer zivilen Infrastruktur und bestand aus einem 6–10 m breiten Damm aus Kies und gestampftem Lehm. Ein Straßenpflaster besaß sie nicht. Die Straße überquerte im Bereich des heutigen Lauterbourg die Lauter und verlief durch den Bienwald westlich der heutigen Orte Berg, Wörth und Jockgrim bis Rheinzabern – römisch Tabernae –, das sich im 2. und 3. Jahrhundert zum größten Keramikproduktionszentrum nördlich der Alpen entwickelte. Aus dieser Zeit sind auch zahlreiche Inschriftensteine erhalten, die an der Straße standen und die Entfernung zum Verwaltungssitz Noviomagus (Speyer) in „Leugen", einem gallischen Längenmaß, angaben.

Beim nächsten Radwegweiser können wir, wenn wir abkürzen wollen, links zum Bahnhof Kandel (15) fahren. Wenn wir noch weiterwollen, bleiben wir geradeaus, biegen wenig später rechts ab („Wörth 6,5 km"), schwenken kurz vor dem Ortsende nach links, unterqueren die Autobahn und folgen immer den Radwegzeichen parallel zur Bahnstrecke nach **Wörth am Rhein**. Wir bleiben immer geradeaus auf dem Weg zwischen Ortsrand und Bahngleis. Am Ende des Bahnschuppens zweigt nach rechts ein unscheinbarer Waldweg ab, er verläuft auf der ehemaligen **Römerstraße** (16).

Wir bleiben allerdings, immer den Radwegzeichen folgend, geradeaus, queren bei der Haltestelle Bienwaldhalle die Straße und S-Bahn-Gleise, fahren über die Eisenbahnbrücke und gelangen nach einer Schneckennudelkurve zum **Bahnhof Wörth** (17).

Ruine eines alten Kriegsbunkers.

Weiher im Hellbachtal.

Von Wissembourg über Scheibenhardt nach Lauterbourg oder Wörth

11

Auf dem deutsch-französischen Pamina-Radweg-Lautertal, 2. Teil

↦ 27–40 km

▲ 40 Hm

Von Wissembourg über Schweighofen, Schleithal, Scheibenhardt und Neulauterburg nach Lauterbourg oder über Hagenbach nach Wörth

leichte Radtour ohne merkliche Steigungen, meist auf Asphalt- und Schotterwegen

Altstädte von Wissembourg und Hagenbach; Lautertal; ehem. Fort Saint-Rémy; Hippodrome; Fachwerkhäuser in Schleithal und Salmbach

an allen Orten am Wegesrand

Der Pamina-Radweg-Lautertal begleitet die Lauter, die bis Wissembourg Wieslauter heißt, nahezu auf ihrem gesamten Verlauf aus dem Pfälzerwald ab Hinterweidenthal bis zur Mündung in den Rhein. Da er fast ohne Steigung verläuft, ist er sehr einfach zu befahren, aber mit rund 60 km Länge doch ein recht langes Tagesprogramm. Ich habe ihn deshalb in zwei Teiletappen aufgeteilt. Die erste Etappe von Hinterweidenthal bis Wissembourg ist als Tour 1 dieses Führers beschrieben, hier folgt nun die zweite Etappe bis Lauterbourg. Wahlweise kann man auch noch von Neulauterburg über Hagenbach bis Wörth am Rhein weiterfahren. Besonders reizvoll sind die Streckenabschnitte, die an der Lauter entlangführen. Der etwas langatmige Abschnitt zwischen Hippodrome und Scheibenhardt lässt sich durch kleine Abstecher zu den typisch elsässischen Dörfern Schleithal und Salmbach mit ihren schönen Fachwerkhäusern auflockern. Da die Tour zum großen Teil durch offenes Gelände verläuft, empfiehlt sie sich weniger an heißen, sonnigen Tagen.

Die Lauter bei Berg.

Vor dem **Bahnhof Wissembourg** 1 schwenken wir 30 m nach rechts, biegen links ab in die Rue Vauban Richtung Landau, nach 500 m rechts ab („Lycée-Gymnase"),

bei der nächsten Kreuzung nochmals rechts („Lauterbourg 21 km“) und radeln am Gymnasium vorbei immer geradeaus zum Ortsteil **Welschdorf** 2. Hier geht es etwas links versetzt weiter („Schweighofen 3,1 km“) über die Grenze und auf einem Schotterweg durch schöne Auenlandschaft, dann am Gleis entlang zum **Bahnhaltepunkt Schweighofen** 3. Wir halten uns rechts („Lauterbourg“) und gleich nochmals rechts („Fort St.-Rémy“), überqueren die Lauter und damit wieder die Grenze und können 300 m weiter links vom Weg einen Blick auf des ehemalige **Fort Saint-Rémy** 4 werfen.

Wenig später treffen wir auf einen Querweg. Hier zweigt der mit rotem Balken markierte Wanderweg über die Lauterlinien nach links ab, wir halten uns aber rechts und folgen nun immer den Radwegweisern „Lauterbourg“ und Radwegzeichen über eine Landstraße, an der Reitbahn

Das Château Saint-Rémy d'Altenstadt,

auch Fort Saint-Rémy genannt, ist eine ehemalige Niederungsburg. Die Anlage hat ungefähr die Form eines Trapezes mit mindestens drei runden Ecktürmen, die Reste eines trapezförmigen Saalbaus sind noch erhalten. Die östlich von Wissembourg-Altenstadt und 300 m südlich der Lauter gelegene, im 11. Jahrhundert erbaute und 1830 zerstörte Burg ist eine der vier Burgen, die zur Verteidigung der Abtei von Wissembourg in den vier Himmelsrichtungen, später als Teil der im 18. Jahrhundert angelegten Lauterlinien, dienten.

INFOS

Freizeitkarte 1:50 000 des LVermGeo Rheinland-Pfalz, Blatt „SP"; Top-Stern Wanderkarten 1:40 000, Blätter „Deutsche Weinstraße" und „Südpfalz"

www.bonjour-elsass.de/wissembourg; www.scheibenhardt.de; www.bonjour-elsass.de/lauterbourg-im-elsass; www.hagenbach.de; www.woerth.de; www.efa-bw.de (Fahrplanauskunft)

ab Karlsruhe Hbf. mit der Regionalbahn Richtung Neustadt (Weinstraße) bis Winden und weiter mit dem Regionalzug nach Wissembourg; Rückfahrt ab Lauterbourg mit dem Regionalzug nach Wörth und weiter mit der Regional- oder S-Bahn zurück nach Karlsruhe

Dorfszene in Schleital.

„**Hippodrome de la Hardt**" 5 vorbei durch ein Waldstück. Wenn es endet, biegen wir links ab 6 und fahren parallel zur Landstraße immer geradeaus durch Wiesen und Felder, streifen dabei die Dörfer **Schleithal** 7, **Salmbach** 8 und **Niederlauterbach** 9 und gelangen nach **Scheibenhard**. Beim Ortseingangsschild 10 schickt uns die Markierung links ab und in einem Rechtsbogen zur **Lauterbrücke** 11, sie liegt zwischen dem französischen Scheibenhard und dem deutschen Scheibenhardt. Wir fahren links über die Grenze, biegen 50 m weiter rechts ab („Lauterbourg 3,7 km") und folgen den Radwegzeichen auf schönen Wegen an der Lauter entlang zu einem kleinen Pavillon bei einer „Lauter-Aussicht" mit einer interessanten Infotafel zu den Fischaufstiegsanlagen, die den Fischen eine bessere Längsdurchgängigkeit gewährleisten sollen.

Weiter geht's parallel zur Landstraße nach **Neulauterburg** 12. Wenn man abkürzen will, fährt man rechts ab über die Grenze nach **Lauterbourg** und nach der Lauterbrücke links am Landauer Tor vorbei zum **Bahnhof** 13. Im anderen Falle hält man sich schwach links („Wörth 12 km") und radelt parallel zur Kreisstraße nach **Berg** 14. Im Ort bleiben wir zunächst auf der Ludwigstraße und folgen dann den Radwegzeichen nach rechts auf einem Asphaltweg parallel zum Hochwasserdamm und zur Lauter nach **Neuburg**. Der nächste Wegweiser schickt uns nach links („Hagenbach 5,3 km") 15, wir radeln parallel zum Neuburger Altrhein, queren zwei weitere Altrheinarme und

Lauter

Die Lauter , französisch la Lauter, ist ein 75 km langer linker Nebenfluss des Rheins. Sie entspringt aus zwei Quellen bei Merzalben im südlichen Pfälzerwald und heißt im Oberlauf bis zur französischen Grenze Wieslauter, um sie von der zweiten pfälzischen Lauter, die bei Kaiserslautern entspringt, unterscheiden zu können. In Wissembourg erreicht die Lauter die Oberrheinische Tiefebene, verläuft dann am Südrand des Bienwalds entlang, wo sie im Wesentlichen die deutsch-französische Grenze bildet, bevor sie bei Lauterbourg Frankreich wieder verlässt und als Neue Lauter bei Neuburg in den Rhein mündet.

Die **Lauterlinien** oder Weißenburger Linien sind Teil der ehemaligen von Frankreich aufgebauten militärischen Verteidigung zwischen Wissembourg und Lauterbourg. Markant an ihnen sind vor allem die Redouten (Schanzen), die den Hauptbestandteil des Verteidigungssystems bilden. Dieser Schutz aus Erdwällen und Gräben befindet sich sowohl auf der heute französischen wie auf der deutschen Uferseite der Lauter. Auf der Lauterlinie verläuft ein mit rotem Rechteck markierter sehr reizvoller Wanderweg, er darf allerdings nicht mit dem Fahrrad befahren werden.

fahren parallel zur Landstraße an einer Infotafel zum ehemaligen Rheinverlauf und am Stadtbrauhaus vorbei nach **Hagenbach** (16).

Weiter geht's den Radwegweisern „Wörth" nach durch den Ort. Nach Unterquerung der Autobahn gelangen wir nach **Wörth** und folgen den Radwegzeichen rechts über die Bahnbrücke (17), nach einem Rechtskreis durch eine Unterführung und auf der Hanns-Martin-Schleyer-Straße zum **Bahnhof** (18).

Porträt der Stadt Hagenbach

Trotz einer reichen und interessanten Geschichte ist Hagenbach eine der jüngsten Städte Deutschlands. Erst am 22. Januar 2006 wurde ihr nach einem Beschluss der Landesregierung durch den rheinland-pfälzischen Ministerpräsidenten Kurt Beck wieder die Bezeichnung Stadt verliehen. Schon vor über 740 Jahren, im Jahr 1281, hatte der damalige Herrscher, König Rudolf I. von Habsburg, Hagenbach zur Reichsstadt erhoben. Diese Funktionen übte der Ort als Verwaltungssitz eines Unteramtes über fünf Jahrhunderte aus. Zwischen 1803 und 2006, also seit der napoleonischen Herrschaft, hatte Hagenbach seine Stadtprivilegien verloren. Der sehenswerte Altstadtkern mit der St.-Michaels-Kirche als unverwechselbares Wahrzeichen der Stadt wurde in den letzten Jahren mit viel Liebe und Sorgfalt saniert.

Von Bietigheim durch den Hardtwald, durch Rüppurr und den Oberwald zum Hbf. Karlsruhe

12

Wo die Waldgeister wohnen

↦ 25,5 km

0 Hm

Von Bietigheim über Waldgeisterpfad, Römerstraße, Gut Scheibenhardt, Weiherwald, Weiherfeld, Rüppurr, Erlachsee und Oberwaldsee zum Hbf. Karlsruhe

leichte Radtour auf Wirtschafts-, Schotter- und Asphaltwegen

Waldgeisterpfad; Römerstraße; Naturschutzgebiete Kiesgrube am Hardtwald Durmersheim und Erlachsee; Biotope im Weiherwald; Oberwaldsee; Tierpark Oberwald

Weiherfeld; Rüppurr; Zwitscherstube (Di Ruhetag); Karlsruhe

Fünf Seen begegnen wir auf dieser abwechslungsreichen Tour vor den Toren Karlsruhes, sie alle liegen in sehenswerten Naturschutzgebieten. Die Radwanderung eignet sich auch bestens für einen Familienausflug mit Kindern, die insbesondere an dem Waldgeisterpfad bei Durmersheim ihre helle Freude haben werden. Und wer schon im Vorfeld einen Geist oder eine andere Skulptur gebastelt hat (sie sollen aus Naturmaterialien bestehen), darf sie neben dem Pfad aufstellen oder -hängen. Auch historisch Interessantes gibt es zu entdecken: eine ehemalige römische Straße im Hardtwald oder die Ettlinger Linien entlang des Malscher Landgrabens. Mit der Zwischenstation beim S-Bahn-Haltepunkt „Dammerstock" kann man die Tour auch abkürzen bzw. in zwei Teilstrecken aufteilen.

Vom **Bahnhof Bietigheim** 1 aus fahren wir den Radwegzeichen nach durch die Bahnunterführung („Ettlingen 13 km"), links Richtung Ortsmitte, am Ende der Straße rechts und geradeaus über den Kreisel und die B36-Brücke durch Wiesen und Felder zum Waldrand. 20 m weiter bie-

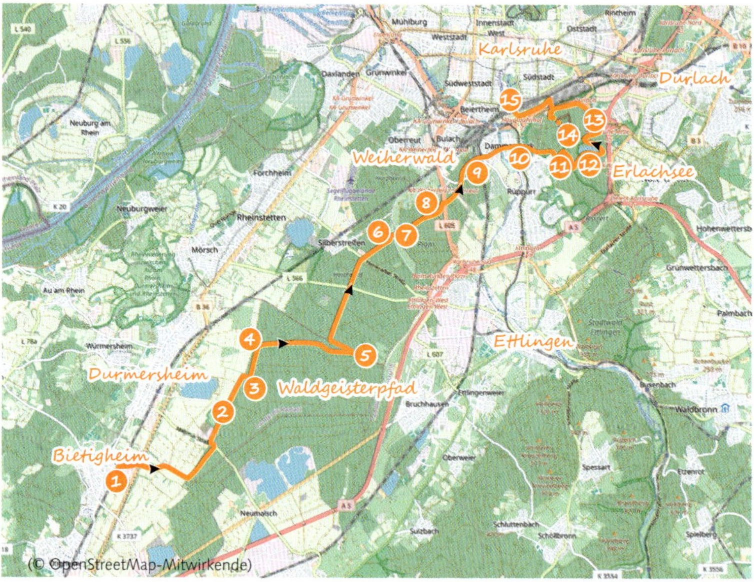

gen wir links ab in den „Bauernweg“. Wenn wir auf eine Straße treffen, folgen wir ihr 150 m nach links und schwenken rechts in den „Hardtwaldweg“. Auf schönem Forstweg fahren wir am Naturschutzgebiet „Kiesgrube am Hardtwald Durmersheim“ 2 entlang, bis wir nach 2 km wieder auf eine Straße treffen. Hier zweigt der ca. 1 km lange **Waldgeisterpfad** 3 scharf rechts ab. Wenn wir ihn begehen wollen, stellen wir hier die Räder ab.

Wieder zurück bei unseren Rädern, radeln wir auf der Straße rechts am Parkplatz entlang, schwenken beim **Hardtwaldhäusle** links auf einen Schotterweg und fahren durch lauschigen Wald an der **Bäretriewer-Grillhütte** 4 und dem Waldkindergarten „Villa Wildwuchs“ vorbei, biegen rechts ab auf ein Sträßchen („Baum-des-Jahres-Weg“) und folgen nun wieder den wenig später auftretenden Radwegzeichen immer geradeaus auf asphaltiertem Weg 3 km zum nächsten Radwegweiser. Bevor wir scharf rechts Richtung Malsch weiterfahren, gönnen wir uns einen kleinen Abstecher 100 m geradeaus zur Infotafel **„Römerstraße“** 5.

Nun radeln wir auf einem Schotterweg Richtung Mörsch, biegen nach 800 m (Rettungspunkt KA 1956) rechts ab und

Oberwaldsee.

INFOS

Freizeitkarte 1:50 000 des LGL-BW, Blatt F501

Im Internet unter www.bietigheim.de; www.durmersheim.de; www.zwitscher-stube.com; www.karlsruhe.de; www.efa-bw.de (Fahrplanauskunft)

ab Karlsruhe Hbf.-Vorplatz mit der S7 oder S8 bis Bietigheim

Im NSG Weiherwald.

fahren nun immer geradeaus – etwas später Richtung Rüppurr –, kreuzen zwei Straßen und queren etwa 100 m vor dem Waldrand die ehemaligen Wallanlagen der **Ettlinger Linien** 6 und nach einem Brückchen den **Malscher Landgraben** 7.

Gleich nach der Infotafel „Totholz" treffen wir auf einen Asphaltweg, biegen links ab, streifen kurz den **Golfplatz Gut Scheibenhardt** 8, biegen dann rechts ab, überqueren den Autobahnzubringer, durchqueren eine Waldschneise und radeln am Hertelgraben entlang. Kurz nachdem wir eine Landstraße überquert haben, geht es rechts über eine Brücke („Fuß- und Radweg nach Weiherfeld") und gleich wieder links über eine weitere Brücke an den **Feuchtbiotopen des Weiherwaldes** 9 vorbei zu einem Waldparkplatz.

Weiter geht's schwach links auf der Straße über zwei Bahnübergänge auf der Belchenstraße durch **Weiherfeld**, über die Alb und auf der Nürnberger Straße zur **S-Bahn-Haltestelle „Dammerstock"** 10 (Kürzungsmöglichkeit). Wir queren die Ettlinger Allee und radeln, nun immer Richtung Durlach, an einem Fitnessstudio vorbei, bis sich die Radwege verzweigen. Hier können wir mit einem kleinen Abstecher nach links zur **Zwitscherstube** 11 (Einkehrmöglichkeit) gelangen. Ansonsten geht es links weiter („Durlach 2,8 km"), nach 300 m rechts Richtung Ettlingen und nach weiteren 500 m links über eine Brücke, halblinks zu einem Querweg und auf ihm nach links zum **Naturschutzgebiet Erlachsee** 12. Wir biegen rechts ab und umrunden,

Der Durmersheimer Waldgeisterpfad

Erst seit wenigen Jahren kann man auf diesem abwechslungsreichen Geisterpfad mitten im Wald so vieles entdecken. Ausgangspunkt waren Basteleien von Kindern im Rahmen des Ferienspaßes gemeinsam mit dem damaligen Förster Michael Gues im Jahr 2019. Es entstanden Waldgeister aller Größen und ganz verschiedener Formen, die von den Forstmitarbeitern zu diesem Waldgeisterpfad gebildet wurden. Manche „Geister" zeigen sich den Besuchenden ganz offen, andere muss man erst zwischen den Bäumen suchen. Auch neue Geister dürfen gerne mit aufgestellt werden.

Der Eingang zum Waldgeisterpfad befindet sich direkt am Parkplatz am Waldrand.

Goischderpfad

Dud do ned e Grinse zugge
isch do ned e bundes Gsichd?
Jo, ebbs dud um d' Egge gugge
in dem griene Dämmerlichd.

Kepf, wo dun Grimasse schneide,
derb verzoge, honichsieß,
von de Äschd Geschdalde gloide,
bamble Ärm un glebbrich Fieß.

Zwische Beem dun Auge wache
aus em Funggle dieses Bliggs
glingd e freehlich Kinnerlache:
selle Goischder dun eich nix!

(Michael Köhler)

uns immer links haltend, den See zu etwa 2/3, bis wir auf einen Asphaltweg treffen. Ihm folgen wir scharf rechts Richtung Oststadt am idyllisch gelegenen **Oberwaldsee** 13 entlang, schwenken an dessen Ende nach links an einer Schranke vorbei auf einen Schotterweg und fahren parallel zur Südtangente zum nächsten Radwegweiser. Bevor wir scharf rechts weiter über die Brücken fahren, können

Die Römerstraße im Hardtwald

Die Anlage eines römischen Straßennetzes in Obergermanien war in der Zeit der römischen Eroberung und danach von großer Bedeutung. Während der Eroberung dienten sie als Aufmarschweg für die Truppen, als Nachschublinien und als wichtiges Verbindungsnetz bei Ansiedlungen im Hinterland. Es gab neben einer linksrheinischen zwei rechtsrheinische Straßen, eine verlief durch den ganzen Schwarzwald, den Kraichgau und durch den Odenwald bis nach Mainz (Mogontiacum), eine weitere verlief von Straßburg (Argentoratum) herkommend bis zur römischen Stadt Ladenburg (Lopodunum), ihr Verlauf entsprach der heutigen B36. Zwischen diesen beiden Straßen gab es mehrere Querverbindungen, z.B. von Weißenburg (Biriciana) über Lauterburg (Tribuni) und über den Rhein durch den Hardtwald nach Ettlingen. Die Querverbindung zieht sich als deutlich erkennbare Bodenwelle durch den Hardtwald. Sie war keine gepflasterte Straße, wie es bei römischen Straßen in Siedlungsnähe üblich war, sondern bestand aus mehreren Kiesschüttungen als Untergrund und Waldboden, die rechts und links der Straße entnommen wurden.

Die Ettlinger Linien

Die Ettlinger Linien stammen aus dem 18. Jahrhundert. Diese Verteidigungslinien reichten vom Rhein nördlich von Karlsruhe im Westen über Daxladen, Ettlingenweier, Spessart und das Albtal bis nach Dobel und ins Eyachtal und sollten französische Truppen aufhalten. Die Befestigungsanlagen wurden 1707 im Zuge des Spanischen Erbfolgekrieges (1701–1713/14) erbaut und waren gedacht, einen französischen Vormarsch auf rechtsrheinischem Gebiet zu stoppen. Große Bedeutung erhielten sie auch im späteren Polnischen Erbfolgekrieg (1733–1735/38) unter französischer Beteiligung, weshalb sie verstärkt und weiter ausgebaut wurden. Heute gibt es nur noch wenig Erinnerung an die historischen Befestigungsanlagen. Neben dem längeren Teilstück zwischen Ettlingen und Forchheim, das wir auf unserer Tour queren, gibt es einzelne Spuren in Form von Gräben und Hügeln noch in einem Stück Wald beim Spessarter Funkturm.

wir geradeaus mit einem kurzen Abstecher den **Tierpark Oberwald** (14) besuchen und fahren anschließend zurück zur letzten Verzweigung.

Danach geht's an einem Brunnen vorbei über die Südtangenten- und Bahnbrücke und nun den Schildern „Hauptbahnhof" nach zum **Südeingang des Hauptbahnhofs** (15).

Das Naturschutzgebiet Weiherwald

Das Naturschutzgebiet Weiherwald besteht aus zwei größeren Teichen, die mit Hilfe eines Grabens bewässert und gesteuert werden können, und mehreren kleineren Stillgewässern. Dieses auenähnliche Feuchtbiotop bietet ein Habitat für viele unterschiedliche Arten. Das Naturschutzgebiet entstand seit den 1970er Jahren aus ehemaligen Kiesgruben. Die Umformung geschah mit dem Schwerpunkt Amphibienschutz, sodass zum Beispiel heute eine Amphibienschutzgruppe, die aus einer unabhängigen Initiative entstand, gemeinsam mit dem Umweltamt Karlsruhe die Straßensperrung während der Zeit der Krötenwanderung betreut.

Der Tierpark Oberwald

Der Tierpark liegt in einem großen stadtnahen Erholungswald und beherbergt wetterbeständige Wildtiere, die mit dem gemäßigt-kalten Klima der Region gut auskommen. Die großen Freigehege, absichtlich auf unkultiviertem, natürlichem Waldboden befindlich, entstanden 1965, damit im zoologischen Stadtgarten Raum für die zwei Jahre später stattfindende Bundesgartenschau freigemacht werden konnte.
Der Eintritt in den Tierpark ist frei, Besuchende können die Tiere zu Fuß, auf dem Rad und sogar mit (angeleinten) Hunden in natürlichen Lebensräumen betrachten.

Radtour von Durmersheim über Elchesheim-Illingen nach Lauterbourg

13

Der Pamina-Planetenweg

40 km

0 Hm

Von Durmersheim über Bietigheim, Elchesheim-Illingen, Rheinfähre Neuburg und Mothern nach Lauterbourg

leichte Radtour ohne nennenswerte Steigungen

Planetenweg; Rheinfähre; Lauterbourg

Zollhaus; Restaurant „Au Bord du Rhin" (Mo/Di Ruhetag) sowie in allen Orten am Wegesrand

Mein **V**ater **E**rklärt **M**ir **J**eden **S**onntag **U**nseren **N**acht*himmel. Dies ist ein Merkspruch für die 8 Planeten unseres Sonnensystems: Merkur-Venus-Erde-Mars-Jupiter-Saturn-Uranus-Neptun. Statt sie am Nachthimmel aufzusuchen, kann man sie auch mit dem Rad „erfahren": auf dem Pamina-Planetenweg, einer modellhaften Darstellung unseres Sonnensystems im Maßstab 1:1 Milliarde, den die Agenda-21 und die Sternfreunde Durmersheim weitgehend in Eigenleistung, mit Hilfe mehrerer Schulen und mit finanzieller Unterstützung der Gemeinden Durmersheim, Au, Bietigheim, Elchesheim- Illingen und Mothern angelegt haben. Er beginnt mit der „Sonne" vor dem Rathaus in Durmersheim und endet mit dem achten Planeten am Rheindamm bei Elchesheim-Illingen bzw. unter Einbeziehung der Zwergplaneten Pluto (er hat zwei Standpunkte, vielleicht wegen seiner stark elliptischen Bahn) und Eris in Mothern im Elsass. Dabei schrumpft die Größe der Sonne auf 1,4 m, des Jupiter auf 14,3 cm, der Erde auf 1,3 cm und des Pluto auf 0,2 cm, die Luftlinienentfernungen zur Sonne auf 58 m beim Merkur, 778 m beim Jupiter, 4,5 km beim Neptun und 8,8 km bei Eris. Die gesamte Radtour ist 40 km lang, und da es viele Kürzungsmöglichkeiten gibt (z. B. kann man nach Erreichen des Lauterbourger Hafens den 13 km langen Abstecher nach Mothern mit den beiden Zwergplaneten auslassen und die Tour gleich in Lauterbourg beenden), eignet sie sich auch hervorragend als Familienausflug mit älteren Kindern.*

Vor dem **Bahnhof Durmersheim** (1) biegen wir links und gleich wieder rechts ab in die Obere Bahnhofstraße, rechts in die Speyerer Straße und gelangen zur **„Sonne"** (2) vor dem Rathaus mit Infotafeln zum Planetenweg. Weiter geht's links in das Hexegässl an **Merkur**, **Venus** und **Erde** (3) vorbei und rechts auf der Hauptstraße

Durmersheim

Seit langer Zeit siedelten Menschen auf der Fläche des heutigen Durmersheim, wie sich durch prähistorische Funde belegen lässt. Die Lage war hierfür besonders geeignet, da sie am Rand des alten mäandrierenden Rheins gelegen sowohl strategisch interessant wie auch hochwassergeschützt war. Schon 1830 entdeckte man ein Fragment eines römischen Viergöttersteins, das sich in den Fundamenten der alten Pfarrkirche von 1473 befand. Dieses Fragment ist heute in der neuen Pfarrkirche St. Dionys in die Mauer eingelassen. Weitere Zeugnisse einer festen Erschließung der Gegend in der Römerzeit fanden sich 1940. Nördlich der Wallfahrtskirche „Maria Bickesheim" wurden Fundamentreste von Gebäuden der „Provincia Germania" gefunden. Ein fränkisch-alemannisches Gräberfeld des 7. Jahrhunderts schließlich wurde 1959 zufällig geöffnet. Bei Erschließungsarbeiten fand man neben Waffen auch viele andere umfangreiche Grabbeigaben.

Eine erste schriftliche Quelle ist ein Güterverzeichnis des Klosters Weißenburg, das seit 700 Besitz in Durmersheim hatte. Der Autor nutzt in diesem Schriftstück, dem nach dem zu dieser Zeit im Amt befindlichen Abt Edelin benannten „Codex Edelini" von 1280, den Ortsnamen „thurmaresheim". Da der Codex auf Grundlage älterer Güterverzeichnisse und Urkunden solche Besitzungen aufführt, die das Kloster in früheren Jahrhunderten abtreten musste, kann man indirekt auf eine schriftliche Ersterwähnung Durmersheims im Jahr 985 schließen.

INFOS

Freizeitkarte 1:50 000 des LGL Baden-Württemberg, Blatt F501

www.durmersheim.de; www.rheinfaehre-neuburg.de; www.rheinstetten.de; www.neuburg-am-rhein.de; www.efa-bw.de (Fahrplanauskunft)

ab Karlsruhe Hbf.-Vorplatz mit der S7 oder S8 bis Durmersheim Bahnhof; Rückfahrt ab Lauterbourg mit der Regionalbahn nach Wörth und weiter mit dem Regionalzug oder der S-Bahn zurück nach Karlsruhe

Dermersheim Planetenweg „Mars" in Durmersheim.

Durmersheim Planetenweg „Sonne" in Durmersheim.

zum **Mars** ④ beim Haus Nr. 113 und einem alten Brunnen. Wir schwenken schwach links in die Grenzstraße, scharf links in die Bachstraße und beim Haus Nr. 35 nach rechts und gelangen auf einem Fuß-/Radweg zum Gymnasium. Nun geht es rechts und gleich wieder links weiter über einen Parkplatz und eine Straße auf einem Rad-/Fußweg an **Jupiter** ⑤ vorbei immer geradeaus nach **Würmersheim**. Bei der Grundschule treffen wir auf **Saturn** ⑥, biegen nach 100 m links in die Auer Straße, fahren geradeaus am Rathausplatz vorbei, bleiben beim nächsten Wegweiser nochmals geradeaus („Bietigheim") und fahren auf einem Wirtschaftsweg über Wiesen und Felder und an Pferdegestü-

Am Rheinufer bei Neuburgweier

Das Rheinufer im Stadtteil Neuburgweier lädt ein zum entspannten Spazieren, freizeitlichen Radfahren oder nur Gedanken schweifen lassen. Der Rheinkiosk und das Restaurant Zollhaus in Au am Rhein versorgen unsere kulinarischen Wünsche. Neuburgweier wird über die Rheinfähre „Baden-Pfalz" mit Neuburg verbunden. Die Rheinfähre zu nutzen ist nicht einfach nur ein Transport, es ist ein kleines Erlebnis und vor allem für Kinder immer etwas Besonderes. Radfahrer sparen sich hier den langen Weg über die Rheinbrücke, auch Autos oder sogar Reisebusse können übergesetzt werden.

Die Rheinfähre „Baden-Pfalz" ist von März bis Oktober täglich in Betrieb, genaue Fahrzeiten finden sich unter www.rheinfaehre-neuburg.de. Lediglich bei Hoch- und Niedrigwasser muss die Fähre pausieren.

Dermersheim Planetenweg Skulptur bei Elchesheim-Illingen.

ten vorbei. Wir queren den Federbachkanal und biegen beim nächsten Wegweiser rechts ab („Bietigheim 1,8 km"). Kurz nach einem Sportplatz treffen wir auf eine Querstraße, biegen links ab und gelangen nach **Bietigheim.** Hier schwenken wir links in die Rheinstraße und fahren bis zum **Uranus** 7 bei einem Wegekreuz gegenüber von Haus Nr. 24.

Nun radeln wir das letzte Stück wieder zurück, bleiben auf der Rheinstraße geradeaus Richtung Neuburg und fahren parallel zur Straße nach **Elchesheim-Illingen.** Beim Kreisel 8 halten wir uns geradeaus und folgen den Schildern „Illingen" und den Radwegzeichen auf der Hauptstraße und dann der Rheinstraße nach **Illingen**, biegen nach der Kirche links ab („Zum Rhein") und treffen bei den Sportplätzen auf **Neptun** 9. Wir biegen rechts ab, fahren auf dem Hochwasserdamm Richtung Neuburg am Rhein – das ist ein Teilstück des **Pamina-Radweges** –, bleiben bei der Abzweigung nach Au geradeaus, verlassen 2 km weiter den Damm und folgen dem roten umgekehrten „E" links auf einem Schotterweg durch eine schöne Auenlandschaft zum **Pluto** 10 beim **Zollhaus** (Einkehrmöglichkeit).

Wenn wir abkürzen wollen, radeln wir rechts nach Mörsch zur S-Bahn-Haltestelle. Wenn wir noch weiterwollen, fahren wir mit der **Rheinfähre** zur gegenüberliegenden Rheinseite, halten uns links und folgen den Radwegzeichen Richtung Lauterbourg am Rheinufer entlang. Wenig später überqueren wir die deutsch-französische Grenze und radeln am Naturschutzgebiet Silberweiden und nochmals am Rhein entlang zum Restaurant „Au Bord du Rhin". Hier biegen wir rechts ab („Lauterbourg 2 km") und radeln zu einem Kreisel (11). Wenn wir die Tour beenden wollen, bleiben wir geradeaus („Gare 1,5 km") und fahren zum **Bahnhof Lauterbourg** (12) (siehe auch Tour 8).

Wollen wir die Zwergplaneten noch mitnehmen, merken wir uns die Stelle, biegen links ab und folgen nun den Schildern „Mothern" sowie des Rheintal-Fernweges „**EuroVelo 15**" an einem Kieswerk und einem Kreisel vorbei, durch Felder und wieder auf dem Hochwasserdamm zum **Pluto II** (13), biegen rechts ab nach **Mothern** und gelangen zu **Eris** (14) vor dem Museum „Wachthaus". Da in Mothern fast keine Züge halten, müssen wir nach Lauterbourg zurück radeln: entweder rechts ab auf der Landstraße oder (etwas weiter, aber angenehmer) zurück auf dem Anfahrtsweg zum Kreisel, den wir uns vorhin gemerkt haben, und links ab zum **Bahnhof Lauterbourg** (12).

Radtour von Baden-Baden über Schloss Favorite und Rastatt nach Rappenwört

14

Von Schlössern, Kokern und versunkenen Dörfern

↦ 47–57 km

0 Hm

Von Baden-Baden über Sandweier, Schloss Favorite, Rastatt und Ottersdorf auf dem Pamina-Radweg nach Rappenwört und evtl. weiter nach Karlsruhe

lange, aber leichte Radtour ohne Steigungen, meist auf befestigten oder asphaltierten Wegen

Autobahnkirche Baden-Baden; Schloss Favorite; Rastatt (Schloss, Altstadt); Naturschutzzentrum Karlsruhe

Schlosscafé Favorite; Rastatt; Zollhaus; Rappenwört sowie in allen Orten am Wegesrand

Wer eine leichte Radtour ohne Steigungen sucht und die landschaftlichen Schönheiten der Auenwälder und Altrheinarme zu schätzen weiß, wird sich sicher für die hier vorgestellte Radwanderung erwärmen können. Es gibt aber auch einige Sehenswürdigkeiten am Wegesrand, so z. B. die bekannte pyramidenförmige Autobahnkirche Baden-Baden mit schönen Mosaiken, das berühmte Schloss Favorite und das Rastatter Schloss, die Informationstafeln des Pamina-Rheinparks mit vielen interessanten Erklärungen über die Auenlandschaft und den Menschen in Verbindung mit der Natur und schließlich die Altrheininsel Rappenwört mit Wildgehegen und dem sehenswerten Naturschutzzentrum Karlsruhe (geöffnet Di-So in den Sommermonaten bis 18 Uhr, sonst bis 17 Uhr, Sa geschlossen). An warmen Sommertagen kann man die Tour mit einem erfrischenden Bad im Rheinstrandbad Rappenwört ausklingen lassen.

Altrheinimpressionen.

Vom Bahnsteig des **Bahnhofs Baden-Baden** 1 aus benutzen wir die südliche Unterführung und wenden uns nach rechts Richtung Ausgang Sandweier. Wir folgen

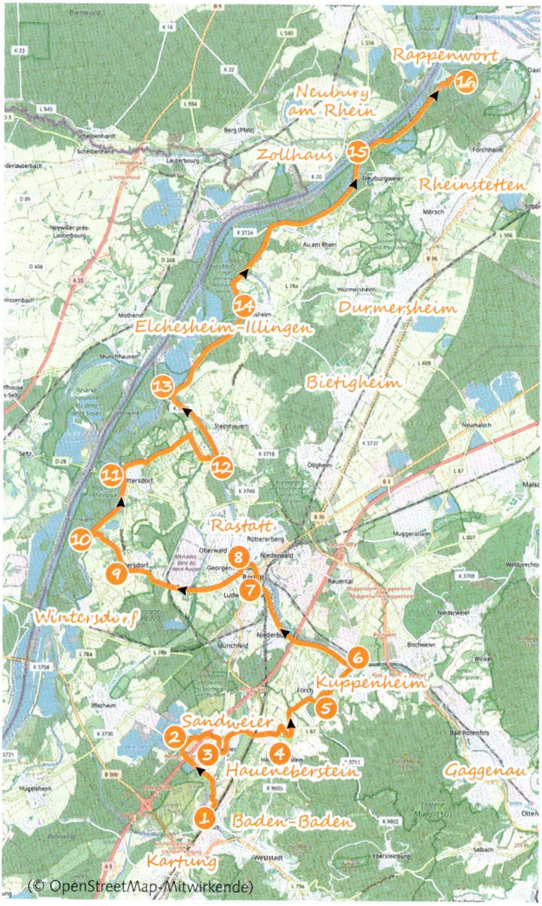

(© OpenStreetMap-Mitwirkende)

den blau-gelben Schildern des Pamina-Radweges („Rastatt 7,2 km"), gelangen an einem Kreisel vorbei, bleiben bei der Abzweigung nach Sandweier geradeaus und fahren immer parallel zur Straße.

Gleich nach der Autobahnbrücke biegen wir rechts ab und radeln an der **Autobahnkirche Baden-Baden** 2 mit ihren sehenswerten Glasmosaiken vorbei, fahren, wenn die Straße rechts abknickt, ein paar Meter geradeaus über Gras zu einem Querweg und auf ihm nach rechts über die Autobahnbrücke, links ab nach **Sandweier** 3, durch den Ort auf der Grenzstraße, dem Pflugweg und der Riederstraße,

INFOS

Freizeitkarte 1:50 000 des LGL-BW, Blatt F501

www.baden-baden.de; www.schloss-favorite-rastatt.de; www.rastatt.de; www.pamina-rheinpark.org; www.nazka.de; www.efa-bw.de (Fahrplanauskunft)

ab Karlsruhe Hbf. mit dem Regionalzug oder der S-Bahn nach Baden-Baden; Rückfahrt ab Rappenwört mit der Straßenbahnlinie 3

biegen beim Gasthaus „Zum Sternen" rechts, nach 500 m links ab in die Oosbachstraße und gleich nochmals links („Rastatt 5,0 km"). Beim nächsten Radwegweiser halten wir uns halbrechts („Haueneberstein 1,0 km") und gelangen nach einer Unterführung nach **Haueneberstein** 4. Wir radeln immer den Radwegzeichen nach an einer Sportgaststätte und dem **Naturdenkmal Kreuzäcker** vorbei und folgen dann den Schildern „Schloss Favorite" am Weiler Förch vorbei zum **Schloss Favorite** 5.

Bevor wir beim Schlosscafé links der Radwegmarkierung folgen, sollten wir uns einen kleinen Abstecher zu Fuß zum Schloss und Schlosspark gönnen. Beim nächsten Radwegweiser geht's Richtung Kuppenheim weiter. Beim Ortseingang von **Kuppenheim** bleiben wir geradeaus auf der Favoritestraße, biegen beim nächsten Wegweiser links ab („Rastatt 7,9 km") 6 und folgen nun immer den Radwegzeichen und Schildern „Rastatt" parallel zum Gewerbekanal durch die Autobahnunterführung und am Freibad vorbei nach **Rastatt**.

Wir radeln über die Murgbrücke (Obere Stauschleusenbrücke) 7, bleiben bei der nächsten Ampel geradeaus (wer abkürzen will, gelangt rechts auf der Bahnhofstraße zum Bahnhof), fahren am Schlosspark vorbei, links in die Lyzeumstraße, links in die Herrenstraße und auf der Höhe der Schlosstreppe 8 des **Rastatter Schlosses** rechts in die Schlossstraße („Iffezheim 8,1 km"). Bald queren wir nochmals die Murg und folgen den Radwegzeichen immer ge-

Autobahnkirche St. Christophorus Baden-Baden

Reisende soll man nicht aufhalten, heißt es – ihnen geistlichen Beistand zu leisten, hiergegen spricht nichts. Am Rasthof Baden-Baden an der A5 finden wir eine Autobahnkirche, die passenderweise dem Schutzpatron der Reisenden gewidmet ist. Hier können von Stau gestresste Autofahrer Ruhe und Einkehr finden, architektonisch trägt das hell und transparent wirkende pyramidenförmige Bauwerk von Friedrich Zwingmann aus Holz, Glas, Beton und Schiefer dazu bei. Die künstlerische Gestaltung erfolgte durch den Bildhauer Emil Wachter. Er stattete fast alle Teile der Autobahnkirche dekorierend aus – Wände, Altäre, das Dach. Auch außerhalb der Kirche finden sich Bildwerk oder die vier flankierenden Relieftürme aus Beton. Sie stehen in etwa 50 m Abstand in die vier Himmelsrichtungen zeigend und sollen jeweils mit ihren Symbolen die Bibel ins Heute übertragen.

Am 23. Juli 1978 fand die Weihe durch den Freiburger Weihbischof Karl Gnädinger statt. Heute kommen jedes Jahr schätzungsweise ca. 300000 Besucher zur Autobahnkirche, damit ist sie nach dem Freiburger Münster die meistbesuchte Kirche im Erzbistum Freiburg. Die Kirche ist täglich von 8 bis 20 Uhr geöffnet. Kirchenführungen finden nach Vereinbarung unter Tel. 07221/60094 statt.

Schloss Favorite Rastatt

In der Nähe von Baden-Baden liegt mit dem einzigen, fast in seinem Urzustand erhaltenen „Porzellanschloss" Deutschlands ein beispielloser Beleg des Barock von europäischem Rang: das Schloss Favorite Rastatt. Erbaut wurde es von Sibylla Augusta, der Witwe des Markgrafen Ludwig Wilhelm (Markgraf 1677–1707), der Rastatt errichtet hatte. Als Witwe übernahm sie die Regierungs- und Bautätigkeit ihres Mannes.

Das Schloss fasziniert durch eine Vielzahl an zu entdeckenden Dingen: die charakteristischen blau-weißen Fliesen, prunkvolle Appartements mit ausgefallenen Böden, Wanddekorationen und Stoffen mit feinen Stickereien und Blumenmotiven. Besonders liebte Sibylla Augusta Porzellan, weshalb sie allein für ihre umfangreiche Keramiksammlung diesen Bau schuf, der auf die Präsentation ihrer zerbrechlichen Kleinode ausgerichtet war. Die Sammlung umfasst heute rund 1500 Stücke und ist damit der größte deutsche Bestand von Keramiken an ihrem historischen Ausstellungsort. Highlights der Sammlung der Markgräfin sind neben hunderten chinesischen Porzellanen und europäischer Fayencen auch die weltweit größten Bestände von Meißener Porzellan. Sibylla Augusta war eine der ersten Kundinnen der 1710 gegründeten Manufaktur – im gleichen Jahr hatte der Bau von Schloss Favorite begonnen!

Neben dem Schloss bietet auch der Garten seinen besonderen Reiz. Er wurde um 1800 verändert und im Stil eines Landschaftsgartens angelegt. Heute ist die idyllische Anlage ideal zum Erholen, ganz gleich, ob man am Schwanenweiher oder entlang der alten Bäume spaziert.

Schloss Favorite.

radeaus auf dem Radweg parallel zur Ottersdorfer Straße nach **Ottersdorf** 9. Beim nächsten Wegweiser halten wir uns geradeaus Richtung Wintersdorf, in der Ortsmitte geradeaus Richtung Rheindamm und radeln durch Wiesen und Felder, zum Schluss auf einem Schotterweg, zum Hochwasserdamm 10.

Wir biegen rechts ab („Karlsruhe 33 km") und folgen nun den Zeichen des **Pamina-Radweges**, vorbei an einigen instruktiven Informationstafeln über den **Pamina-Rheinpark**, z. B. über Kokereien oder das versunkene Dorf Dunhausen. Bald begleitet uns ein Altrheinarm, wir streifen den Ort Plittersdorf 11 („Au am Rhein 15,7 km"), radeln noch ein paar hundert Meter geradeaus, biegen rechts ab, fahren über Wiesen und Felder, bis wir auf einen kleinen Kanal treffen. Gleich nach der Brücke geht's nach rechts weiter, dann links neben der Straße über die **Murgbrücke** (Hoffelder Brücke) 12 und wieder links auf dem Damm an der **Murg**

Viel Gegend

Schlesser, Wiese, weide Flure
blauer Himmel, frische Bris
und de Kerber kommd uff Dure,
eifrich drehe sich die Fieß.

Immer kennschd so weidergloide
um die Nas' de Wiesedufd.
Schwebe durch die laue Weide,
grad wie's Fliege in de Lufd.

(Michael Köhler)

Rastatt

Markgraf Ludwig Wilhelm von Baden-Baden, dessen Witwe das Schloss Favorite errichten ließ, machte Rastatt zur Stadt. Im Jahr 1700 ließ er das Rastatter Schloss als moderne Barockresidenz ausbauen und verlieh dem Ort, der 1084 in einer Handschrift des Klosters Hirsau erstmals urkundlich erwähnt wurde, um 1700 zugleich die Stadtrechte. Das Schloss Rastatt ahmt das prunkvolle Schloss von Versailles nach und ist damit eines der frühesten deutschen Beispiele für diese bauliche Imitation des französischen Absolutismus. 1705 zieht der Markgraf mit seiner Familie in den Seitenflügel ein.

Rastatt wurde durch wichtige historische Ereignisse geprägt, so der Rastatter Friede 1714 und die Badische Revolution 1848/49. Bis heute sind die zwei Schlösser aus der Zeit der Markgrafschaft prägend für den Eindruck der Stadt, die über 50000 Bürgerinnen und Bürgern aus 127 Ländern eine Heimat bietet.

Ein letztes Paradies am Rhein

Kultur und Natur bilden im PAMINA-Rheinpark eine Einheit. **14 thematisch aufeinander abgestimmte Museen** bilden den Kern des Projektes und zeigen die kulturgeschichtliche Entwicklung am Flussufer. Goldsucher, Korbflechter, Aalfischer aber auch die Geschichte der Menschen und der Natur sind Thema der Museumsstraße.

Zentrale Bausteine im Gesamtprojekt sind neben den Museen ca. **70 Stationen am Wegesrand**. Die Stationen entlang der Routen, die für Abwechslung sorgen und zum Verweilen und Informieren einladen, zeugen von landschaftstypischen Besonderheiten wie Streuobstwiesen, Kopf- und Silberweiden, Kräuterweihen, Aalschokker oder seltenen Pflanzen.

Der PAMINA-Rheinpark ist ein wahres Paradies für Radler. Der integrierte **deutsch-französische Radwanderweg „Rheinauen“** hat eine Gesamtlänge von etwa 140 Kilometern und verläuft größtenteils abseits vom Verkehr und auch weitgehend ortsfern. Ebenfalls zu empfehlen sind die **Rundradwege „Rheinpark Süd“ und „Rheinpark Nord“**. Stille Altrheinarme und Baggerseen sowie Naturschutzgebiete laden zum Verweilen ein und machen diese naturverbundene Radtour zu einem besonderen Erlebnis. In dem über 1100 km^2 großen Gebiet liegen noch unberührte Auen mit einer großen Tier- und Pflanzenvielfalt. Die **2 Naturschutzzentren** in Munchhausen und in Karlsruhe-Rappenwört sind die wichtigsten Anlaufstellen für den Naturschutz in den Rheinauen.

Sie möchten eine Führung durch den Rheinpark? … dann sind Sie bei den **Rheinpark-Guides** genau richtig. Ob zu Fuß, mit dem Rad oder bei einer Bustour; wer mit den Rheinpark-Guides auf Tour geht, wird einen ganz neuen Blick auf die grenzüberschreitende Region bekommen. Auf individuell gestalteten Touren können die Besucher die vielfältige Natur- und Kulturlandschaft genießen.

entlang. Bei der nächsten Verzweigung nach knapp 2 km (13) können wir erst geradeaus einen Abstecher zur Murgmündung machen, bevor wir nach einem Rechts-/Linksknick auf einem Holperweg weiter radeln („Au am Rhein 9,6 km"). Nach einem kleinen Stück geradeaus durch Auenwald geht's wieder auf dem Damm weiter, wir kommen an einem Baggersee und an **Elchesheim-Illingen** (14) vorbei (Abstecher zum Museum „Arbeit am Rhein" möglich) und gelangen bald auf ein Sträßchen. Wenn dieses nach rechts abzweigt, bleiben wir geradeaus auf dem Damm. Wenig später verlassen wir den Damm und folgen nach links dem grünen Radwegschild auf schottrigem Weg durch eine urige Auenlandschaft zum Rhein bei der Anlegestelle der **Rheinfähre** (15) (Einkehrmöglichkeit im Zollhaus). Wir radeln ein kleines Stück auf der Straße, biegen halblinks ab (Radweg Forchheim), streifen nochmals den Rhein, biegen bei der Schranke halbrechts ab, fahren bis zum Damm und auf ihm nach links zum **Rheinstrandbad Rappenwört** und zur Straßenbahnhaltestelle (16). Entweder mit der Straßenbahn (Linie 3) oder weiter auf dem Radweg gelangen wir nach Karlsruhe zurück.

EINE REGION ALS MUSEUM – UNE RÉGION-MUSÉE

PAMINA Rheinpark – Erlebnislandschaft an den Ufern des Rheins

Eine grenzüberschreitende Region als Museum auf einer Fläche von über 1.100 km² zwischen Leimersheim / Eggenstein-Leopoldshafen und Gambsheim / Rheinau ist der Grundgedanke des PAMINA-Rheinparks. Die einzigartige Rheinauenlandschaft, das Sauer-Delta und die Riedlandschaft selbst sind dabei die wichtigsten musealen Ausstellungsobjekte. Ein umfangreiches Radwegenetz führt Besucher zu interessanten Museen und zu den grenzüberschreitenden Naturschutzzentren.

INFO

PAMINA-Rheinpark / Parc Rhénan e. V.
Geschäftsstelle im Riedmuseum
Am Kirchplatz 6-8
D-76437 Rastatt-Ottersdorf
Tel. +49 (0) 7222 25509
E-Mail info@pamina-rheinpark.org

www.pamina-rheinpark.org

Radtour von Bühl über Fort-Louis und Wintersdorf nach Rastatt

15

Von der Festung zum Barockschloss

↦ 48 km

▲ 20 Hm

Von Bühl über Rheinmünster, Greffern, Rheinfähre, Fort-Louis und Wintersdorf nach Rastatt

recht lange, aber wenig anstrengende Tour, zumeist auf asphaltierten Radwegen und wenig befahrenen Straßen

Schwarzacher Münster; Polderanlagen und Rheinfähre bei Greffern; Festungsanlage Fort-Louis; alte Eisenbahnbrücke bei Wintersdorf; Residenzschloss und Altstadt von Rastatt

Restaurant Gioia bei Drusenheim; Pizzeria Schützenliesel bei Rastatt sowie in allen Orten am Wegesrand

Schmucke Dörfer mit schönen Fachwerkhäusern, einige Bauwerke in den Poldern zum Hochwasserschutz wie das Acherschöpfwerk und ein Entnahmebauwerk bei Greffern sowie ein Einlassbauwerk vom Rhein in den Moder-Polder, das Schwarzacher Münster, die Ruinen der Festung Fort-Louis, die alte Eisenbahnbrücke bei Wintersdorf und last not least die Barockstadt Rastatt mit ihrer schönen Altstadt und dem mächtigen Residenzschloss (siehe auch Tour 14) – es gibt viel zu sehen auf dieser Radtour rechts und links des Rheins. Mit 48 Kilometern ist sie recht lang, aber wenig anstrengend, da es keine nennenswerten Höhenmeter zu überwinden gibt. Die Tour folgt weitgehend dem Pamina-Radweg und auf französischer Seite dem Rheinauenradweg, letzterer ist allerdings sehr lückenhaft markiert.

In der Unterführung vom **Bahnhof Bühl** (1) folgen wir den Radwegzeichen: rechts und gleich wieder links in den Kirchgassweg („Oberweier“) an einem Bach entlang aus dem Ort, durch die B3-Unterführung geradeaus Rich-

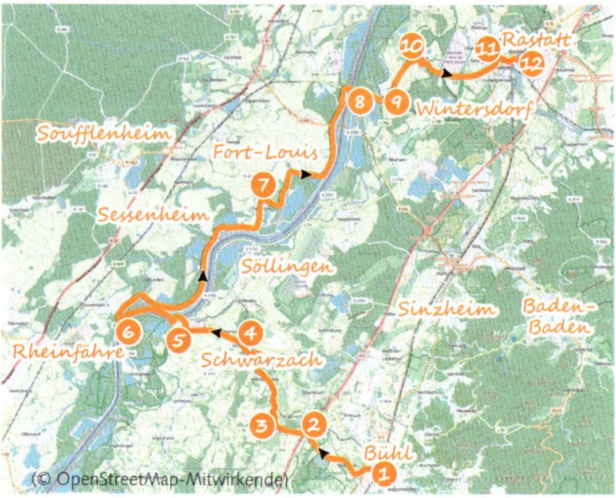

tung Balzhofen, durch **Oberweier**, kurz vor Ortsende links in die Sulzbacher Straße durch Wiesen und Felder nach **Balzhofen** 2. Hier halten wir uns rechts und gleich wieder links („Moos"), unterqueren die Autobahn und biegen beim Ortseingang von **Moos** 3 rechts ab („Schwarzach 4,8 km"). Dann fahren wir links an der Kirche vorbei und den Radwegzeichen nach aus dem Ort durch Hildmannsfeld und halten uns am Ortsende rechts („Schwarzach"). Ein schöner Forstweg bringt uns über den Mühlbach nach **Rheinmünster-Schwarzach**. Beim nächsten Wegwei-

Auf dem Kirchgassweg in Bühl.

Schwarzacher Münster

Das beachtliche Münster ist einer der großen Kunstschätze des Südweststaates. Es gehört zur ehemaligen Benediktinerabtei, die mit einem prächtigen Klosterhoftor und barocken erhaltenen Wirtschaftsgebäuden ebenfalls hinzuzuzählen ist. Den Beginn der Geschichte des Klosters Schwarzach nachzuverfolgen ist aufgrund der Nichtüberlieferung der zentralen Urkunden nur bedingt möglich. 817 taucht das Reichskloster erstmals als „Suarizaha" in einer Abschrift auf. 994 wird ihm dann das Marktrecht verliehen. Weitere 300 Jahre später, 1299, wurde das Gotteshaus bei einem Brand stark beschädigt. Der Wiederaufbau führte 1302 zur erneuten feierlichen Weihe der Kirche, die seitdem als Kirchweih jährlich am dritten Dienstag im Oktober gefeiert wird. Der barocke Klosterneubau der heute sichtbaren Gebäude fand zwischen 1724 und 1732 statt. 1803 kam das aufgehobene Kloster dann an das Haus Baden. Heute finden auch Konzertveranstaltungen im einzigartigen Ambiente und mit der besonderen Akustik im Münster statt.

INFOS

Freizeitkarte 1:50 000 des LGL-BW, Blatt F501

www.rheinmuenster.de; www.rastatt.de; www.schuetzenliesel-rastatt.de; www.efa-bw.de (Fahrplanauskunft)

mit der Regionalbahn nach Bühl (Baden); Rückfahrt ab Rastatt mit der Regionalbahn;

mit dem Auto: zum Bahnhof Rastatt (Parkmöglichkeit auf dem DB-Parkplatz beim Bahnhof) und mit der Regionalbahn nach Bühl

ser geht es rechts ab („Schwarzacher Münster 0,1 km") zur zentralen Kreuzung 4.

Hier sollten wir uns erst einmal einen Blick nach rechts auf das **Schwarzacher Münster** gönnen, bevor wir links Richtung „Greffern" abbiegen. Wir queren die B36 und radeln parallel zur Landstraße nach **Greffern**. Kurz nach dem Ortseingang 5 geht es rechts ab Richtung Haguenau zu einer Querstraße, auf ihr nach links und nach 250 m beim **Acherschöpfwerk** rechts („Rheinfähre Greffern") über die Acherbrücke und auf dem Hochwasserdamm in südlicher Richtung an einem Entnahmebauwerk vorbei zur Anlegestelle der **Rheinfähre Greffern-Drusenheim** 6.

Wir lassen uns von der Fähre übersetzen und biegen gleich nach dem Restaurant Gioia (Einkehrmöglichkeit) rechts ab („Gravières de Dalhunden"). Nun sind wir auf dem Rheinauenradweg, wir fahren auf einem Sträßchen an einem Kieswerk vorbei, dann parallel zum Rheinseitenkanal und Hochwasserdamm. Nach 7,5 km (beim „Port de Fort Louis I") zweigt nach links eine Straße nach Stattmatten ab. Hier bleiben wir noch geradeaus, passieren ein weiteres Kieswerk, biegen bei der nächsten Kreuzung links ab und fahren an einigen Fischteichen vorbei durch das Dörfchen **Fort-Louis** noch 300 m weiter zur Ruine der **Festung Fort-Louis** 7.

Wir fahren 300 m zurück zum Ortseingang, biegen links ab („Rte. des Russes"), nach einer Kanalbrücke nochmals links und radeln auf dem Hochwasserdamm durch Auenwald bis zu einer Querstraße. Hier geht's links weiter, nun wieder auf dem Rheinauenradweg, über die Moderbrücke und immer

Acherschöpfwerk

Der **Polder Söllingen/Greffern** ist ein Rückhalteraum und dient zum Schutz vor Hochwasser. Der bei den Ortsteilen Söllingen und Greffern der Gemeinde Rheinmünster gelegene, zwischen 1998 und 2005 gebaute Polder kann auf einer Fläche von 580 Hektar bis zu 12 Millionen Kubikmeter Wasser aufnehmen. Um zu hohe Grundwasserstände im Binnenland zu vermeiden, wurden drei Schöpfwerke errichtet. Ein bei Greffern gebautes **Schöpfwerk** dient dem Abfluss der Acher, deren Unterlauf als Verbindung der Teilpolder genutzt wird. Im Ortsbereich von Greffern, das unmittelbar an den Polder angrenzt, wurde eine Brunnengalerie gebaut, um den Grundwasserstand absenken zu können. Ebenfalls in Greffern entstand die Betriebszentrale für die Polder. Zur Information der Bevölkerung entstanden zwei Polderinfopfade.

Fort-Louis

Die kleine französische Gemeinde umfasst gerade einmal 290 Einwohner. Am Rhein gelegen, befand sie sich schon früher direkt an der Grenze zwischen Frankreich und der Markgrafschaft Baden. Deshalb erließ König Ludwig XIV. 1686 den Befehl, eine Festung im unteren Elsass zu errichten – das Ergebnis können wir hier betrachten. In zehn Jahren Bauzeit wurde das nach ihm benannte Fort ab 1687 auf einer Insel des noch nicht begradigten Rheins gebaut. Die Pläne stammten von Sébastien Le Prestre de Vauban und dem Festungsbauingenieur Jacques Tarade, die sich für die neue Festung einfach an den Steinen der knapp 20 km entfernten mittelalterlichen Pfalz Haguenau bedienten, die dafür eingeebnet wurde.

Zusätzlich zum Hauptfort, Fort Carré genannt, entstanden zwei vorgelagerte Forts auf den Ufern beider Seiten des Rheins, die als Brückenköpfe dienten: am elsässischen Ufer das Fort Alsace, auf badischer Seite das Fort Marquisat. Damit sich Menschen in der neu gegründeten Ortschaft niederließen, förderte der König dies mit Privilegien.

Das Fort Marquisat musste 1697 (Frieden von Rijswijk) zeitweise, 1714 (Rastatter Frieden) dauerhaft aufgegeben werden. Das Fort Carré wurde 1793 im Ersten Koalitionskrieg gestürmt und erlitt weitere Zerstörungen 1815–1818. Überreste sind noch heute vorhanden, sie befinden sich – wie Fort und Gemeinde insgesamt – seit der Rheinbegradigung im 19. Jahrhundert auf dessen linker Seite.

Das Schloss in Rastatt (Josef Paul Kuhn)

Hat nun die Stadt zum Abend sich versehen?
Mit buntem Lärm scheucht sie die Stille weit!
Ihr Schloss ist ganz entzückt aus solcher Zeit,
ein Gang dorthin wie In-sich-selber-gehen.

Leicht lässt der Mensch aus seinem Herzen schwinden,
was wundersam die Einsamkeit bewegt.
Sieh', in die Dämmerung ist dies Schloss geprägt,
beseelter Ruhe Reichtum zu verkünden!

Wohl dem, der Tag für Tag dem Sinn des Lebens
noch eine eigenstille Stunde weiht!
Es macht uns Würde und Gelassenheit
vom Wahne frei des atemlosen Strebens.

Was Menschen mit dem Herzen nur erlangen,
hat immer im Vergänglichen Bestand –
so steht am Abend dieses Schloss im Land –
von Licht und Schatten müden Tags umfangen.

Und überm Land das Sinnbild auf den Zinnen,
der Goldne Mann, der Ewigkeit Gestalt –
Oh! Jedes Schicksal, es erfüllt sich bald –
am Morgen schon, am hoffenden Beginnen –

geradeaus auf der linken Kanalseite unter der Brückenauffahrt der B500 hindurch, dann auf schönem Rheinuferweg und nach einem Links-/Rechtsknick Richtung Lauterbourg, dann Richtung Rastatt über die **Wintersdorfer Rheinbrücke** 8 über den Rhein. Die Brücke wurde 1892–95 als Eisenbahnbrücke der Bahnlinie Rœschwoog-Rastatt gebaut und nach der Zerstörung im Zweiten Weltkrieg 1949 wieder aufgebaut. Nach der Stilllegung der Bahnstrecke 1999 dient die Brücke dem Straßenverkehr. Wir bleiben auf der Straße, biegen beim nächsten Kreisel links ab nach **Wintersdorf** 9, nach dem Bahngleis halbrechts (Radwegweiser „Rastatt") und gelangen nach **Ottersdorf**. Bei der Kirche 10 geht es rechts weiter und immer den Radwegzeichen nach neben der Kreisstraße an der Pizzeria „Schützenliesel" vorbei (Einkehrmöglichkeit) nach **Rastatt**.

Pfarrkirche Dionys in Moos.

Wir fahren über die Murgbrücke (Ankerbrücke) geradeaus am Marktplatz vorbei zum **Schloss** 11 und folgen den Radwegweisern „Bahnhof" nach links, rechts in die Lyzeumstraße, rechts „An der Ludwigsfeste" am Schlosspark entlang und links auf der Bahnhofstraße zum **Bahnhof** 12.

Münster in Rheinmünster-Schwarzach.

Radtour von Sinsheim durch den Kraichgau über Menzingen nach Bretten

16

Von der Concorde auf dem Schlangenweg zum Brettener Hundle

↦ 39 km

500 Hm

Von Sinsheim über Eichelberg, Menzingen, Münzesheim und Gondelsheim nach Bretten

anspruchsvolle Tour mit unzähligen, meist kurzen und mittelsteilen Anstiegen

Technik Museum Sinsheim; Kreuzbergsee; Wasserschloss in Menzingen; Schloss Gondelsheim; Bretten (historische Altstadt, Melanchthonhaus)

Hotel Kreuzberghof sowie in allen Orten am Wegesrand

Quer durch die abwechslungsreiche Hügellandschaft des Kraichgaus führt uns diese Radtour, entsprechend kommen immerhin rund 500 Höhenmeter in vielen meist kleinen und mäßig steilen Anstiegen zusammen. Die Tour beginnt beim weit über die Grenzen hinaus bekannten Sinsheimer Technik Museum in der Nachbarschaft der PreZero Arena, Spielstätte der TSG 1899 Hoffenheim. Auch wenn man keine Zeit für einen Besuch des Museums einplanen kann, sollte man wenigstens einen Blick auf die beiden Überschallflugzeuge werfen, die weithin sichtbar auf dem Dach des Museumsgebäudes stehen: die russische Tupolev und die französisch/britische Concorde. Auch unterwegs gibt es einiges zu entdecken wie die Schlösser in Menzingen und Gondelsheim. Im Zielort Bretten könnte die Radtour ein Bummel durch die gemütliche Altstadt, evtl. mit einem Besuch des Melanchthonmuseums, beschließen. Teile der Tour sind nicht markiert, bitte deshalb genau der Wegbeschreibung folgen!

Blick auf Eichelberg.

Wir fahren von der **Haltestelle „Museum/Arena“** ❶ Richtung „Ausgang“ durchs Gelände des Technikmuseums, dann Richtung „Arena“ rechts und gleich wieder

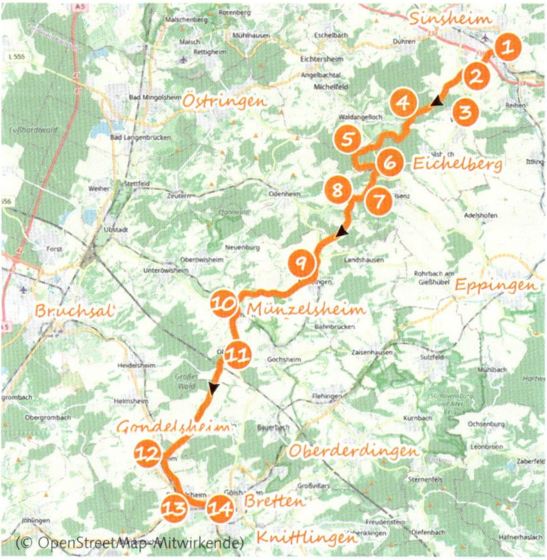

links durch die Autobahnunterführung und an der „Arena" vorbei. Beim **Naturschutzgebiet „Feuchtgebiete am Ilvesbach"** 2, in dem der Rauhwiesensee liegt, gesellt sich das gelbe Dreieck zu uns. Ein paar Meter weiter halten wir uns rechts, fahren am See entlang, queren eine Landstraße und radeln Richtung Hammerau mit schönem Blick auf **Burg Steinsberg** 3 an einem Bach entlang. Bei der nächsten Verzweigung halten wir uns rechts („Waldangelloch", nun auch umgekehrtes grünes Dreieck) und bei einer Hütte

Concorde beim Technikmuseum Sinsheim.

INFOS

Freizeitkarte 1:50 000 des LGL-BW, Blätter F517 und F516; Kompass Wanderkarte 1:50 000, Blatt 768

www.sinsheim.technik-museum.de; www.kraichtal.de; www.heitlinger-genusswelten.de/kreuzberghof/; www.gondelsheim.de; www.bretten.de; www.efa-bw.de (Fahrplanauskunft)

ab Heidelberg Hbf. oder Eppingen mit der Regional- oder S-Bahn nach Sinsheim Museum/Arena; Rückfahrt ab Bretten Hbf. mit der Regional- oder S-Bahn nach Eppingen oder über Bruchsal nach Heidelberg

links („Hilsbach 3 km") 4. Nun geht's dem grünen Dreieck nach auf dem „Schlangenweg" durch den Wald, etwas rechts versetzt über eine Straße und durch Feld und Wald, bis wir auf das „Rote Quadrat" treffen 5. Wir biegen links ab und orientieren uns bis Menzingen an den Radwegzeichen der „Welterbe Tour 1": immer in leichtem Auf und Ab, dann auf einbem Betonweg hinab nach **Eichelberg** 6. Auf der Oberen Klosterstraße halten wir uns links, biegen gleich wieder rechts ab in den Gartenweg und folgen den Radwegzeichen aus dem Ort. Bald treffen wir auf eine Landstraße und fahren parallel zu ihr am idyllisch gelegenen **Kreuzbergsee** 7 entlang, wechseln auf die andere Straßenseite (Einkehrmöglichkeit im Hotel Kreuzberghof) und gelangen wenig später nach **Tiefenbach**.

Beim nächsten Radwegweiser am Feuerwehrhaus biegen wir links 8 und gleich wieder rechts ab in die Menzinger Straße. Nach kurzem Anstieg folgen wir bei einer Verzweigung halb rechts dem blauen Punkt mit grünem Strich, der Markierung des **Hugenotten- und Waldenserpfades**, Richtung „Zeltplatz". Aussichtsreich durch Feld und Wald geht es weiter am nächsten Wegweiser vorbei („Gochsheim 3,4 km") und über eine Landstraße zum Ortseingang von **Menzingen**. Hier können wir rechter Hand einen Blick auf die Ruine des **Wasserschlosses** 9 werfen.

Wir fahren weiter zur Ortsmitte. Beim „Goldenen Lamm" können wir abkürzen und geradeaus zum Haltepunkt der S-Bahn gelangen. Wenn wir noch weiterwollen, biegen wir rechts ab und fahren auf der Landstraße aus dem Ort. Bei einer Anhöhe biegen wir halbrechts ab („Häberles Hof-

Technik Museum Sinsheim

Meilensteine der Technikgeschichte in ihrer ganzen Varianz lassen sich im **Technik Museum Sinsheim** bestaunen. Weltweit einzigartig kann man neben Ferraris die „Blue Flame" sehen, sich Gedanken über den Hubraum des Experimentalfahrzeugs „Brutus" machen, die größte Tanzorgel der Welt ansehen oder die Überschallflugzeuge Tupolev und Concorde selbst betreten. Auch weitere Flugzeuge sind voll begehbar und stehen neben edlen Oldtimern, Motorrädern, bunten Dragstern, Formel-1-Wagen, Dampfloks, Landmaschinen, Militärfahrzeugen, … man könnte die Liste eine ganze Weile fortsetzen. Am einfachsten sieht man sich selbst um: Das 1981 eröffnete Museum ist täglich ab 9 Uhr geöffnet.

laden") und radeln durch eine Senke und nochmals ein Stück auf der Straße nach **Münzesheim**. Gleich nach dem Bahnübergang 10 (Kürzungsmöglichkeit zum S-Bahn-Haltepunkt) folgen wir dem Radwegzeichen nach links, bei der nächsten Verzweigung rechts („Stadtmitte"), fahren beim Kreisel geradeaus („Oberacker") und radeln parallel zur Kreisstraße nach **Oberacker** 11 und weiter den Radwegzeichen nach über **Neibsheim** nach **Gondelsheim.** Bei der

Menzingen: eine Schlossruine von 1945

Zu den sinnlosesten Gebäudeverlusten des Zweiten Weltkriegs im Kraichgau gehört das Wasserschloss Menzingen, dessen eindrucksvoller Renaissancebau am 2. April 1945 durch einen Tieffliegerangriff zerstört wurde. In seinen Trümmern gingen auch wertvolle Bestände der Heidelberger Universitätsbibliothek und Kunstwerke aus Mannheim verloren, die aus Sicherheitsgründen ausgelagert worden waren, weil man sie im ländlichen Kraichgau besser aufgehoben wähnte als im angriffsgefährdeten Rhein-Neckar- Raum. Die zuletzt stark überwucherte Schlossruine wurde erst in den beiden letzten Jahrzehnten auf Initiative des Heimat- und Museumsvereins Kraichtal in tausend ehrenamtlichen Arbeitsstunden wieder freigelegt und im Baubestand gesichert.

Schloss Gondelsheim

Das Schloss Gondelsheim war ursprünglich ein typisch barockes Haus. Nach 1855 errichtete Graf Ludwig, Sohn des Großherzogs Ludwig, einen Neubau im viktorianischen Stil mit schottischen Einsprengseln. Seit 1848 gehört das Schloss der deutschen Linie der Grafen Douglas. Die Attraktion des Schlosses ist der Titanic-Salon, er erinnert durch ähnliche Wandvertäfelungen an den untergegangenen Ozeanriesen. Sehenswert ist auch der Schlosspark mit dem Nymphenbrunnen. Das Schloss vermittelt zusammen mit dem wesentlich älteren Turm (er stammt aus dem 11. Jahrhundert) einen märchenhaften Anblick. Seit 2005 besitzt Gondelsheim noch eine weitere Sehenswürdigkeit: den vom Verein der Gondelsheimer Sternwarte angelegten Planetenweg. Die auf zehn Standsäulen angebrachten Tafeln des Planetenwegs informieren nicht nur über die wichtigsten Fakten des jeweiligen Sonnentrabanten; sie veranschaulichen auch die Größenverhältnisse am Modell. Beim Maßstab 1:4 Milliarden haben der äußerste Planet Pluto (er wurde allerdings 2006 zum Zwergplaneten herabgestuft) 1 mm, Jupiter 35 mm und die Sonne 35 cm Durchmesser. Die tatsächliche Entfernung Sonne – Pluto von ca. 6 Milliarden km schrumpft hier auf die Luftlinienentfernung von 1,5 km zusammen, die Erde ist bei diesem Maßstab ca. 37 m von der Sonne entfernt. Der Planetenweg beginnt bei der Sternwarte und endet beim Rathaus.

Bretten

Bretten wurde erstmals 767 unter dem Namen »villa breteheim« urkundlich erwähnt und ist heute Große Kreisstadt mit rund 30 000 Einwohnern. Die Verbindung von Geschichte und Moderne macht die Stadt auch für Touristen attraktiv, vor allem das mittelalterliche Ambiente der Stadt zieht immer mehr Besucher an. Weit über Brettens Grenzen hinaus bekannt ist das Peter-und-Paul-Fest, ein großes Volksfest mit mittelalterlichem Treiben in allen Straßen und Gassen der Altstadt und einem historischen Festumzug. Es geht auf das Schützenfest im 16. Jahrhundert zurück und findet alljährlich am Wochenende nach dem 29. Juni, dem kirchlichen Peter und Paul-Gedenktag, statt. Der berühmteste Sohn der Stadt ist der Reformator und engste Mitarbeiter Luthers, Philipp Melanchthon, der 1497 in Bretten geboren wurde. Das Brettener Melanchthonhaus ist das zweitgrößte reformationsgeschichtliche Museum Deutschlands und enthält außer dem Museum eine der umfangreichsten Melanchthon-Spezialbibliotheken.

Kirche können wir rechter Hand einen Blick auf das Schloss Gondelsheim werfen. Wenn wir abkürzen wollen, gelangen wir geradeaus zum S-Bahn-Haltepunkt 12.

Wollen wir noch weiter, biegen wir links ab („Bretten 4,5 km"), gelangen nach **Diedelsheim** 13 und folgen den Radwegzeichen durch den Ort und über die B35 nach **Bretten**. 100 m weiter (beim BMW-Haus) biegen wir rechts, dann links in die Bahnhofstraße ab und kommen wenig später zum **Hauptbahnhof** 14.

MELANCHTHONHAUS BRETTEN

Philipp Melanchthon ist der berühmteste Sohn Brettens. Er war Reformator, Humanist und Weggefährte Martin Luthers. Das Melanchthonhaus wurde in den Jahren 1897-1903 an der Stelle des Geburtshauses Melanchthons errichtet und ist Museum, Bibliothek und Forschungsstelle. Es besitzt eine Gedächtnishalle mit Fresken und weitere Räume mit ca. 12000 Büchern, 450 Originalhandschriften, Statuen, Wappen, Gemälden und ca. 1000 Graphiken.

Besichtigung: Mitte Februar – Ende November
Di–Fr 14–17 Uhr, Sa/So 11–13 und 14–17 Uhr Gruppenführungen sind ganzjährig nach Voranmeldung bei der Tourist-Info Tel. 07252/583710 möglich (ab 5 Pers.).
Informationen: www.melanchthon.com

Streckenradwanderung von Sulzfeld über den Stromberg nach Lauffen am Neckar 17

Von Tripsdrill zur Hölderlinstadt

36–42 km

460 Hm

Von Sulzfeld im Kraichgau über den Stromberg, Bönnigheim und Kirchheim nach Lauffen am Neckar

bis auf zwei kurze steile Anstiege leicht welliges oder ebenes Gelände, meist Asphaltwege oder befestigte Waldwege mit einem kleinen Anteil Landstraße

Aussichtspunkte Ravensburg, Sternenfels und Michaelsberg; historische Altstädte von Bönnigheim, Kirchheim und Lauffen; Freizeitpark Tripsdrill

in allen Orten am Wegesrand

Schmucke Kraichgaustädtchen, schöne Aussichtspunkte wie den Schlossbergturm von Sternenfels oder den Michaelsberg, herrliche Waldwege und das liebliche Neckartal lernen wir auf unserer heutigen abwechslungsreichen Radtour kennen, bei der wir den Stromberg in seiner gesamten Länge durchqueren. Wer Lust und genügend Zeit hat, kann unterwegs noch dem Freizeitpark Tripsdrill mit dem angeschlossenen Wildparadies seine Aufwartung machen. Die Anstrengungen halten sich in Grenzen, da es nur zwei kurze steile Anstiege zu bewältigen gibt; und falls unterwegs die Kräfte ausgehen sollten, gibt es eine Kürzungsmöglichkeit. Für den Zielort Lauffen sollten wir auch ein wenig Zeit einplanen, etwa für einen Bummel durch die schöne Altstadt oder einen Besuch der Rathausburg und des Hölderlindenkmals.

Blick auf die Rathausburg Lauffen.

Vom **Bahnhof Sulzfeld** 1 aus fahren wir nach links und dann rechts auf der Hauptstraße zur nächsten beschilderten Kreuzung. Wer erst einen Abstecher zur sehenswerten Ravensburg (schöner Aussichtspunkt) machen möchte,

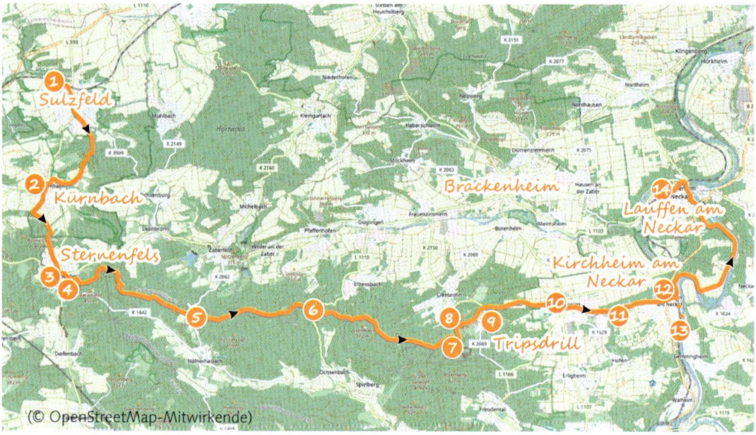

biegt hier links ab, folgt der Markierung „rotes Kreuz" und fährt anschließend zur Straßenkreuzung zurück. Wir fahren auf der Landstraße immer den Schildern nach über **Kürnbach** 2 leicht bergan nach **Sternenfels** 3. Bei der Kirche geht's nach links Richtung Zaberfeld und 100 m weiter rechts ab. Nun folgen wir immer der Radwegmarkierung „Rennweg, Bönnigheim": ein kleines Stück steil bergan bis zum Wanderparkplatz am Waldrand, wo wir zu Fuß einen kleinen lohnenden Abstecher hinauf zum aussichtsreich gelegenen **Schlossbergturm** machen 4 (Einkehrmöglichkeit beim Kiosk) und gleichzeitig ein Teilstück der sogenannten

Der Naturpark Stromberg-Heuchelberg

In der Wein-Wald-Region liegt dieser Naturpark, der auf rund 41000 Hektar Fläche für die Einwohnerinnen und Einwohner rundherum ein attraktives Ausflugsziel und eine Insel der Erholung und Ruhe ist. Der Park soll die Kulturlandschaft erhalten und sie zugleich für die Menschen erfahrbar machen. Die schöne Landschaft bietet weiten Ausblick, waldgekrönte Hügel, weite Weinberge an den Südhängen, darunter Streuobstwiesen auf ausgedehntem Grünland und Flüsschen im Tal. Dort unten schmiegen sich die kleinen Ortschaften mit vielen Fachwerkhäusern in die Natur. Die beschilderten Wege in einem ausgedehnten Netz machen den Stromberg-Heuchelberg zu einem Paradies für Wanderer und Radfahrer. Kulturell kann die Region mit dem UNESCO-Weltkulturerbe, dem Zisterzienserkloster in Maulbronn, nicht unerheblich punkten.

INFOS

Freizeitkarte 1:50 000 des LGL-BW, Blatt F517; Kompass Wanderkarte 1:50 000, Blatt 768

www.sulzfeld.de; www.naturpark-stromberg-heuchelberg.de; www.lauffen.de; www.kirchheim-neckar.de; www.tripsdrill.de; www.efa-bw.de (Fahrplanauskunft)

ab Karlsruhe Hbf. mit dem Regionalzug oder der S4 nach Sulzfeld; Rückfahrt ab Kirchheim oder Lauffen mit dem Zug über Bietigheim-Bissingen oder Heilbronn zurück nach Karlsruhe

Neckarflühen bei Lauffen.

Eppinger Linien, eine um 1700 errichtete Befestigungsanlage, kennenlernen können.

Vom Parkplatz aus folgen wir auf fast ebenem, gut befestigtem Waldweg den Radwegmarkierungen auf schönen, abwechslungsreichen Wegen und durchqueren dabei, immer in leichtem Auf und Ab, die schönen Wälder des gesamten **Strombergs**. Immer den Schildern „Bönnigheim" folgend überqueren wir zweimal die Straße 5 6, radeln ein Stück auf dem „NATO- Weg", biegen links ab und gelangen auf dem „Binsenweg" später wieder auf dem Rennweg zu einer Wegekreuzung bei einem Hüttchen 7. Weiter geht's Richtung „Tripsdrill" halbrechts hinab zum Waldrand 8. Nun entweder geradeaus Richtung Bönnigheim oder halblinks etwas anstrengender über den aussichtsreichen **Michaelsberg.** Bei der nächsten Kreuzung treffen sich beide Wege wieder, hier kann man nach rechts einen Abstecher zum **Freizeitpark Tripsdrill** 9 mit dem angeschlossenen Wildparadies machen.

Zurück an der Kreuzung fahren wir noch 50 m auf der Straße weiter, biegen rechts ab und folgen nun der Wanderwegmarkierung „rotes Kreuz" im Zickzack durch die Weinberge nach **Bönnigheim** 10 mit sehenswerter Altstadt und weiter geradeaus durch den Ort und den Schildern „Kirchheim" folgend ein Stück auf der Straße, dann an einem Bach entlang über Hohenstein 11 nach **Kirchheim am Neckar** 12. Wir fahren durch den hübschen Ort zum Radwegweiser beim Rathaus. Wer die Tour abkürzen möchte, biegt hier rechts ab, folgt den Radwegmarkierungen Richtung Walheim und gelangt nach der Bahnunterführung halbrechts zum **Bahnhof Kirchheim** 13.

Wenn wir noch weiterwollen, bleiben wir geradeaus und folgen nun immer den Schildern „Lauffen" und Radwegzeichen durchs Neckartor (dem einzigen noch erhaltenen Stadttor) und die Bahnunterführung, biegen links ab und radeln auf dem wunderschönen Neckartalradweg und den Neckarflühen entlang nach **Lauffen am Neckar**.

Der Erlebnispark Tripsdrill

Tripsdrill, weit über die Region und auch Landesgrenzen hinaus bekannt, liegt mitten im oben beschriebenen landschaftlich reizvollen Naturpark Stromberg-Heuchelberg. Gestartet 1929 als kleiner Familienbetrieb mit einer Altweibermühle war Tripsdrill der erste Erlebnispark Deutschlands. Heute umfasst das Angebot rund um die nach einem Brand wiederaufgebaute Mühle über 100 originelle Attraktionen für Besucherinnen und Besucher aller Altersklassen. Dazu zählen eine Reihe modernster Achterbahnen, Wasserspiele und Rutschen. Neben dem mehrfach als „Europas bester Erlebnispark" ausgezeichneten Besuchermagneten befindet sich das Wildparadies Tripsdrill mit über 60 vor allem einheimischen Tierarten, von denen man mit einigen im Streichelzoo auch direkt auf Tuchfühlung gehen kann.

Lauffen am Neckar

Der Geburtsort des Dichters Friedrich Hölderlin begegnet uns zwischen Stuttgart und Heilbronn. Geprägt ist das Wesen der Stadt vom Wein und den umliegenden Weinbergen sowie vom Neckar, der im Neckartal zwischen sanften Hügeln durch die Stadt fließt.

Wie oft auch an anderen Orten war diese Flusslandschaft schon früh das Ziel menschlicher Ansiedlung. Die bislang ältesten Funde belegen die ersten Menschen am Lauffener Flussgebiet um 5000 v. Chr. Ab 150 n. Chr. waren für etwa 90 Jahre auch die Römer in der Region. Das konnte man durch einen 1978 entdeckten und ausgegrabenen römischen Gutshof nachweisen, der zwischen Lauffen und Neckarwestheim in den Weinbergen liegt.

Die neuere Geschichte der Stadt kann man sich bei einem Stadtrundgang an den Wahrzeichen der Stadt entlang erschließen: rechts des Neckars die auf einer Erhöhung stehende Regiswindiskirche und die Rathausburg, welche mitten im Neckar auf der Vogelinsel liegt und den einzigen erhaltenen Wohnturm Deutschlands aus der Salierzeit umfasst. Die „Alte Neckarbrücke" verbindet seit etwa 500 Jahren die zwei Stadtteile „Lauffen Dorf" (rechts des Neckars) und „Stadt Lauffen" (links; auch „Städtle" genannt). Weitere Sehenswürdigkeiten im Städtle sind die Stadtmauer mit dem Alten Heilbronner Tor, das Erkerhaus (1651 erbaut), der Gewölbekeller der Alten Kelter, die historische Weinstube „Sonne" und nicht zuletzt natürlich das Hölderlinhaus.

Bei der zweiten Neckarbrücke öffnet sich ein schöner Blick auf die Rathausburg. Wer die Tour noch erweitern möchte, fährt über die Neckarbrücke und folgt den Radwegweisern Richtung Heilbronn auf dem Neckartalradweg zum Hauptbahnhof Heilbronn. Im anderen Falle folgen wir den Radwegschildern „Bahnhof" links ein Stück am Neckar entlang durch eine Bahnunterführung zu einem Kreisel, links durch eine weitere Unterführung, gleich wieder rechts auf der Eisenbahnstraße und rechts auf der Bahnhofstraße zum **Bahnhof Lauffen** 14.

Schloss Bönnigheim.

Der Neckar (Friedrich Hölderlin)

In deinen Tälern wachte mein Herz mir auf
Zum Leben, deine Wellen umspielten mich,
Und all der holden Hügel, die dich
Wanderer! kennen, ist keiner fremd mir.
[…]

Die heißen Ufer kühlt und den Lorbeerwald
Durchsäuselt, wenn die Sonne den Weinstock wärmt,
Ach! wo ein goldner Herbst dem armen
Volk in Gesänge die Seufzer wandelt,

Wenn sein Granatbaum reift, wenn aus grüner Nacht
Die Pomeranze blinkt, und der Mastixbaum
Von Harze träuft und Pauk und Cymbel
Zum labyrinthischen Tanze klingen.

Zu euch, ihr Inseln! bringt mich vielleicht, zu euch
Mein Schutzgott einst; doch weicht mir aus treuem Sinn
Auch da mein Neckar nicht mit seinen
Lieblichen Wiesen und Uferweiden.

Hölderlin-Denkmal in Lauffen.

Kraichgautour von Maulbronn über Bauschlott und Kleinsteinbach nach Karlsruhe 18

Auf dem Stromberg-Murrtal-Radweg

↦ 42–45 km

200 Hm

Von Maulbronn über Elfinger Hof, Bauschlott, Königsbach-Stein, Kleinsteinbach, Berghausen und Durlach zum Hbf. Karlsruhe

wenig schwierige Tour mit einigen kurzen, nicht allzu steilen Anstiegen

Kloster Maulbronn; Aalkistensee; Schloss Bauschlott; Pfinztal; Rathäuser in Stein und Königsbach

in allen Orten am Wegesrand

Von Ost nach West einmal quer durchs „Ländle" verläuft der knapp 150 km lange Stromberg-Murrtal-Radweg von Gaildorf nach Karlsruhe und verbindet malerische Flusstäler, idyllische Fachwerkstädte und Weindörfer, zwei Naturparks und zwei UNESCO-Welterbestätten miteinander. Geeignet ist die Route mit mittlerem Schwierigkeitsgrad für Genussradler und Pedelec-Fahrer, die sich für landschaftliche und kulturelle Besonderheiten interessieren und den einen oder anderen Anstieg nicht scheuen. Dank der schönen Landschaft und der verschiedenen kulturellen Höhepunkte wurde der Radweg vom ADFC prompt mit vier Sternen ausgezeichnet. Der hier vorgestellte letzte Teilabschnitt ist gut als Tagestour zu bewältigen, da sich die Anstiegsmühen in engen Grenzen halten. Ab Königsbach verläuft die meist gut markierte Strecke parallel zur Pfinztalbahn, sodass sich bei Bedarf mehrere Kürzungsmöglichkeiten ergeben. In den Sommermonaten verkehrt sonn- und feiertags der Klosterstadtexpress, sodass man beim Bahnhof Maulbronn Stadt starten kann. An anderen Tagen beginnt man die Tour beim Bahnhof Maulbronn West.

Im Klosterhof Maulbronn.

Wenn wir beim **Bahnhof Maulbronn West** 1 starten, folgen wir den Radwegzeichen und den Wegweisern Richtung Maulbronn zum Kreisel bei der Bushaltestelle Birkenhof, vom **Bahnhof Maulbronn Stadt** 2 aus geht es auf der Bahnhofstraße zum Kreisel. Wir überqueren die Frankfurter Straße und fahren zum nächsten Radwegweiser. Bevor wir nun den violetten Zeichen des **Stromberg-Murrtal-Radweges** folgen – sie werden uns bis zum Ziel begleiten – sollten wir uns einen kleinen Abstecher zum Klosterhof des berühmten **Klosters Maulbronn** 3 gönnen.

Zurück zum Wegweiser geht es Richtung „Elfinger Hof" immer den Radwegzeichen nach aus dem Ort und parallel

Kloster Maulbronn

Das **Kloster Maulbronn** ist eines der wichtigsten Kulturdenkmäler im deutschen Südwesten, jährlich kommen etwa 260 000 Besucher aus dem In- und Ausland nach Maulbronn. Alle Bauphasen von der Romanik bis zur Spätgotik können in der Klosteranlage bestaunt werden. 1993 wurden die gut erhaltenen Klosterbauten in die UNESCO-Liste des Weltkulturerbes aufgenommen.

1147 begannen Mönche des Zisterzienserordens mit dem Bau des Klosters. Die Blütezeit endete, als 1504 Herzog Ulrich von Württemberg das Kloster einnahm. Sein Sohn Christoph richtete in Maulbronn eine Schule zur Ausbildung des Pfarrernachwuchses ein. Das evangelische Seminar ist noch heute im Kloster untergebracht. Hier wurden viele bekannte Persönlichkeiten wie Johannes Kepler, Friedrich Hölderlin und Hermann Hesse unterrichtet. Auch der sagenumwobene Dr. Johannes Faust soll hier gewirkt haben, der Faustturm erinnert noch an ihn.

Alle zwei Jahre findet das Klosterfest mit kulinarischen Köstlichkeiten und Präsentationen von Gauklern, Spielleuten und Handwerkern statt.

INFOS

Freizeitkarte 1:50 000 des LGL-BW, Blätter F517 und F516; Kompass Wanderkarte 1:50 000, Blatt 768

www.stromberg-murrtal-radweg.de; www.maulbronn.de; www.koenigsbach-stein.de; www.pfinztal.de; www.karlsruhe.de; www.efa-bw.de (Fahrplanauskunft)

ab Karlsruhe Hbf.-Vorplatz mit der S4 nach Bretten und weiter mit der Regionalbahn nach Maulbronn West; sonn- und feiertags in den Sommermonaten weiter mit dem Klosterexpress nach Maulbronn Stadt

zur Kreisstraße zum Weingut **Elfinger Hof** 4. Es ist ehemaliger Besitz des württembergischen Königs und produziert einen der bekanntesten Weine des Kraichgaus. Seinen Namen erhielt der Wein durch folgende Geschichte: Die Mönche erhielten dadurch ihren Anteil Wein, dass sie ihre Finger hineintunken und ablecken durften. Einer der Mönche sagte dann: „O hätte ich doch nur elf Finger!“ Wir fahren durch das Hofgelände und durch eine Straßenunterführung zum **Aalkistensee** 5, geradeaus weiter („Kleinvillars 1,2 km“), queren am Ortsrand von Kleinvillars eine Kreisstraße, halten uns links 6 („Ölbronn 2,5 km“) und queren bei der S-Bahn-Station die Gleise. Nun geht's etwas bergan: durch Streuobstwiesen, kurz vor Ölbronn rechts ab nach **Bauschlott** und dem Wegweiser „Bretten“, dann „Karlsruhe“ nach durch den Ort.

Gleich nach dem **Schloss Bauschlott** 7 biegen wir links ab und folgen nun bis zum Ziel den Wegweisern „Karlsruhe“: noch etwas bergan nach **Göbrichen** 8, dem höchsten Punkt unserer Tour, dann über Wiesen und durch ein Wäldchen bergab, ein paar Meter parallel zur Landstraße und nach einem Rechts-/Linksknick nach **Stein**. Nun radeln wir am historischen Rathaus vorbei aus dem Ort, parallel zur Landstraße nach **Königsbach** und biegen beim Alten Rathaus 9 links ab.

Beim nächsten Wegweiser können wir abkürzen und links zum S-Bahnhof gelangen. Ansonsten geht es geradeaus weiter, beim Ortsende links ab durch ein Industriegebiet nach Singen, am Kämpfelbach entlang, nach einer Straßenunterführung links (hier fehlt das Zeichen), an einer Gärtnerei und dem **Bahnhof Wilferdingen-Singen** 10 vorbei, ein Stück neben der Landstraße, links ab („Karlsruhe 18 km“), an der Pfinz entlang nach **Kleinsteinbach** 11 und nach einem Rechts-/Linksknick zum **Bahnhof Söllingen** 12 . Solange die Unterführung noch im Bau ist, bleiben wir geradeaus auf der Wesebachstraße, biegen nach 500 m links ab in die Unterführung und gleich wieder rechts. Nun geht's wieder unserer Markierung nach an der Pfinz entlang über **Berghausen** 13 und **Grötzingen** 14 am Haltepunkt Hubstraße vorbei zum **Bahnhof Karlsruhe-Durlach** 15, scharf rechts über die Bahnbrücke und, nun den Wegweisern „Karlsruhe Hbf.“ nach, durch die Außenbezirke von Durlach, parallel zu den Bahngleisen nach **Karlsruhe** und rechts über die Schwarzwaldbrücke zum **Hauptbahnhof** 16.

Das Schloss Bauschlott

Die Geschichte von Bauschlott und des Schlosses ist eine Geschichte zahlreicher Besitzerwechsel, bis heute: Der Ort Bauschlott kam im 16. Jahrhundert mit allen herrschaftlichen Rechten an die Herren von Wallstein. Eglof von Wallstein (1531–1570) begann 1532 mit dem Bau eines Wasserschlosses mit vier Türmen. 1726 gelangte das Gut – nach mehreren weiteren Besitzerwechseln – an Markgraf Carl Wilhelm von Baden-Durlach, der es für 20000 Gulden kaufte. 1805 wurde das alte und baufällige Schloss auf Auftrag Kurfürst Karl Friedrichs von Baden abgerissen. Sein Hofbaumeister Friedrich Weinbrenner ließ ein neues Landschloss auf den Fundamenten des vorigen Baus errichten, dessen Meierei und Nebengebäude in älterem Zustand erhalten blieben. 1919 – nach der Abschaffung aller Vorrechte des Adels in der Weimarer Republik – wurde dieses Schloss für die Stadt Pforzheim ein Kindererholungsheim. Wieder einige Jahrzehnte später, 1961, kaufte Stefan Sandkühler, ein Arzt aus Stuttgart, das Schloss und gründete die Künstlergilde Buslat. Nach dessen Tod 2004 wohnte seine Witwe, Margareta Sandkühler, noch bis zu ihrem Tod 2020 im Schloss, die Künstlergilde zog nach Knittlingen.

Das Alte Rathaus in Königsbach

Über das **Alte Rathaus** in Königsbach ist bezüglich seiner Ursprünge nicht viel bekannt. Urkunden über den Bau gibt es keine. Das heute denkmalgeschützte Fachwerkhaus ist im 17. Jahrhundert errichtet worden. Nichtsdestotrotz gibt es an der linken Längsseite des Rathauses einen Türsturz, in den das Jahr 1522 eingemeißelt ist – vermutlich stammt dieser von einem Vorgängergebäude. Eine andere Tafel am Rathaus erinnert an Johannes Schoch (1550–1631). Der in Königsbach geborene Baumeister kommt jedoch nicht als Bauherr des Rathauses in Frage: 1622 war er einerseits schon hochbetagt, andererseits sind am Gebäude keine stilistisch ihm zuzuschreibenden Merkmale zu sehen. 1914/15 wurde das Rathaus umgebaut und instandgesetzt. Als es nach dem Zweiten Weltkrieg für die Gemeindeverwaltung an Platz mangelte, erwarb sie das benachbarte Dreyfuß`sche Gebäude, verband es baulich mit dem Alten Rathaus und baute es zum Rathaus um.

Radtour von Pforzheim über Ittersbach ins Albtal

19

Auf dem Drahtesel zwischen Kraichgau und Schwarzwald

↦ 23,5–27 km

350 Hm

Von Pforzheim über Obernhausen, Gräfenhausen, Ottenhausen und Ittersbach nach Marxzell, Fischweier oder Neurod

mittelschwere bis schwere Radtour mit mehreren kurzen, teilweise steilen Anstiegen

Enztal und Katzenbachtal; Alte Kelter in Obernhausen; evangelische Kirchen in Ottenhausen und Ittersbach

in allen Gemeinden, durch die der Weg führt

„Badische Toskana“ wird die hügelige sonnenverwöhnte Landschaft zwischen dem Odenwald und Schwarzwald gerne genannt. Die heutige Radtour beginnt in Pforzheim, durchmisst auf Wirtschafts- und Forstwegen den südlichen Kraichgau und folgt dem lieblichen Katzenbachtal hinab ins Albtal. Mit ca. 25 km ist die Strecke nicht allzu lang, man sollte sie dennoch nicht unterschätzen: Sehr häufig geht es bergauf und bergab, manchmal auch kurzzeitig recht steil, so dass man ohne Motorunterstützung auch mal den „Schiebegang“ einlegen muss. Einige Sehenswürdigkeiten bringen zusätzliche Abwechslung wie die Alte Kelter in Obernhausen, die evangelischen Kirchen in Ottenhausen und Ittersbach oder die Fritz-Erler-Höhe oberhalb von Ittersbach. Ein großer Teil der Wegstrecke ist schlecht oder gar nicht markiert, bitte deshalb aufmerksam die Wegbeschreibung mitverfolgen!

An der Enz bei Pforzheim.

Vor dem **Bahnhof Pforzheim** 1 überqueren wir den Bahnhofsplatz, schwenken etwas rechts versetzt in die Bahnhofstraße und fahren geradeaus auf der Leo-

Ottenhausen

Ottenhausen besteht aus zwei Ortsteilen: Rudmersbach und – das jüngere – Ottenhausen. Die erste schriftliche Erwähnung erfolgte 1262 unter der Bezeichnung „Rutmerspach", wobei die Endsilbe auf eine verhältnismäßig späte Besiedlung im 11. oder 12. Jahrhundert hindeutet. Diese Siedlung war jedoch nicht die erste Ansiedlung in dieser Gegend, zumindest lässt sich das vermuten: In der Außenwand des Pfarrhauses war lange eine Abbildung der Jagdgöttin Diana eingemauert, welche auf eine frühere Römersiedlung schließen lässt. Das Relief ist seit 1958 in einem Stuttgarter Archiv untergebracht.

1598 errichtete die Familie der Schöner von Straubenhardt das Schlösschen in Rudmersbach anstelle ihrer Burg. Das Schloss, von dem Reste noch immer im Eckturm mit Wappen und Wendeltreppe erhalten sind, wurde mindestens bis ins Jahr 1623 von einem Schöner von Straubenhardt bewohnt. Abgesehen davon hatten die Grafen von Württemberg Teile des Ortes schon ab 1418 von den Herren von Gültlingen und den Herren von Straubenhardt erworben, aber erst 1602 gänzlich in Besitz genommen.

Vermutlich wurde Rudmersbach im Lauf der Kriege der folgenden Jahrzehnte weitgehend zerstört, und eine neue Ansiedlung entstand um das Haus eines gewissen „Ott" herum: „Ottenhausen". Entsprechend verschoben sich in der Folgezeit die Verhältnisse beider Ortsteile: Der Schultheiß kam beispielsweise zu Beginn des 19. Jahrhunderts aus Ottenhausen, Rudmersbach stellte nur noch einen Anwalt als Vertreter seiner Einwohner. 1909 ging Rudmersbach mit der Vereinigung der beiden Orte schließlich in der neuen Gemeinde Ottenhausen auf, welche 1974 Teil der Gemeinde Straubenhardt wurde.

INFOS

Freizeitkarte 1:50 000 des LGL-BW, Blatt F516

www.pforzheim.de; www.straubenhardt.de; www.birkenfeld-enzkreis.de; www.karlsbad.de; www.marxzell.de; www.efa-bw.de (Fahrplanauskunft)

ab Karlsruhe Hbf. mit dem Regionalzug nach Pforzheim Hbf.; Rückfahrt ab Marxzell, Fischweier oder Etzenrot mit der S1 nach Karlsruhe

poldstraße weiter zum Radwegweiser vor der Enzbrücke. Hier biegen wir rechts ab und folgen den Radwegzeichen („Birkenfeld 8,6 km") auf schönen Wegen an der Enz entlang. Nach 1,5 km verzweigen sich die Radwege, wir halten uns links Richtung „Brötzinger Tal", queren 500 m weiter die Straße bei den Fußgängerampeln, biegen rechts ab und fahren durch die Bahn- und Straßenunterführung. Nach 100 m geht es links weiter auf der Arlingerstraße, an deren Ende 30 m nach links, dann rechts parallel zur B 294. Nach 150 m treffen wir wieder auf Radwegschilder und folgen den Schildern „Ittersbach" und den Radwegzeichen auf der Hohentwielstraße und dem Hegauweg durch die Außenbezirke von **Brötzingen** und durch eine Kleingartenanlage zum nächsten Wegweiser. Hier bleiben wir geradeaus („Ettlingen"), unterqueren eine Straße 2 und folgen bei der nächsten Kreuzung dem Wanderwegweiser „Gräfenhausen" geradeaus durch Streuobstwiesen, schwenken bei einer Bank nach rechts und radeln nach **Obernhausen**.

Bei der nächsten Verzweigung biegen wir schwach rechts in die Kelterstraße, passieren die **Alte Kelter**, fahren dann weiter auf der Winzerstraße, links bergab auf der Kettelsbach Straße 3, queren die Karlsruher Straße und kommen auf der Hindenburgstraße nach **Gräfenhausen**. Kurz nach der

An der Enz in Pforzheim.

Die Fritz-Erler-Höhe

Am 14. Juli 2023 wäre Fritz Erler, früherer stellvertretender Bundesvorsitzender der SPD, 100 Jahre alt geworden. Eine unheilbare Krankheit führte jedoch zum frühen Tod des leidenschaftlichen Parlamentariers mit erst 53 Jahren am 22. Februar 1967. Der große Mann der Opposition war lange Jahre eng verbunden mit dem SPD-Ortsverein Ittersbach. Der Ortsverein gestaltete 1986 die Aussichtsplattform aus einem zum Abbruch vorgesehenen alten Wasserhochbehälter. Im Gedenken an seine Verbundenheit zu Ittersbach und die Verdienste Fritz Erlers wurde der neu geschaffene Platz in Fritz-Erler-Höhe umbenannt.

Gedenktafel für Johann Abraham Sixt geht es rechts ab 4 auf der Steinengasse bergan zum nächsten Radwegweiser. Er ist missverständlich angebracht, wir müssen geradeaus bleiben („Friedhof"). Nun folgen wir den Radwegweisern „Ottenhausen" an einer nachgebildeten „Gruhbank" („Absetze") vorbei in stetigem Auf und Ab, queren eine Talmulde und eine Landstraße und gelangen auf der Kelterstraße nach **Ottenhausen** 5.

Bei der nächsten Verzweigung geht es rechts weiter auf der Kirschenstraße und bei der darauffolgenden Kreuzung nochmals rechts („Ellmendingen 5,1 km"). Bei der nächsten Bushaltestelle zweigen wir links in die Straubenhardtstraße und radeln an der evangelischen Kirche vorbei und auf einem Sträßchen in stetigem Auf und Ab nach **Ittersbach**. Bald queren wir das S-Bahn-Gleis (wer schon genug hat, erreicht rechts auf der Bahnhofstraße die nächste Haltestelle der S11) 6, fahren auf der Langen Straße durch den Ort, biegen vor der evangelischen Kirche rechts ab in die Eichgasse und gelangen steil bergan zur **Fritz-Erler-Höhe** 7

Kleiner Rastplatz bei Obernhausen.

mit einem Gedenkstein an den großen Politiker.

Wir queren die Straße etwas links versetzt (blaue Raute, „Diebswiesen 3,5 km"), bleiben bei der nächsten Verzweigung (bei einer Bank) geradeaus, biegen nach 500 m rechts ab und fahren, nun ohne Markierung, auf einem Forstweg sanft bergab durch das obere **Katzenbachtal**. Beim Beginn der **Diebswiesen** 8 halten wir uns schwach links und radeln, jetzt der gelben Raute nach, auf schönem Weg talabwärts bis zur Straße und auf ihr links bergab. Kurz vor der Albtalstraße kreuzen wir den Albtalradweg. Nun gibt es drei Möglichkeiten: Wer es eilig hat, gelangt auf der vielbefahrenen Albtalstraße rechts nach wenigen hundert Metern zum S-Bahn-Haltepunkt **Fischweier** 9. Etwas weiter, aber empfehlenswerter ist es, auf dem Radweg entweder links zum Bahnhof **Marxzell** 10 oder rechts zum Bahnhof **Etzenrot** 11 zu fahren.

Nikolauskirche in Ottenhausen.

Marxzell

Das Fahrzeugmuseum Marxzell befindet sich wenige Meter von der S-Bahn-Haltestelle Marxzell entfernt. Es wurde 1968 gegründet und in einer ehemaligen Mühle untergebracht. Zu sehen gibt es verschiedene Oldtimer und ein historisches Kino, in dem zu jeder vollen Stunde ein Autofilm gezeigt wird. Ein besonderes „Highlight" der Gemeinde Marxzell-Frauenalb ist die unweit gelegene Klosterruine Frauenalb. Das ehemalige Benediktinerkloster wurde 1180 von Graf Eberhard III. von Eberstein gestiftet und erlebte von 1250 bis 1350 seine Blütezeit. Das Gebäude brannte 1403 zum ersten Mal, dann nochmals 1508. Im Jahr 1598 wurde das Damenstift aufgelöst, 1631 mit Benediktinerinnen wiederbesiedelt. Im 19. Jahrhundert kam es durch mehrere Brände zur vollständigen Zerstörung des Klosters.

Fahrradrundtour von Ettlingen über Spessart und Malsch zurück nach Ettlingen

20

Vom Glasbächletal zum Saumweg

28 km

400 Hm

Von Ettlingen über Spessart, Schöllbronn, Carl-Schöpf-Hütte, Malsch und Sulzbach zurück nach Ettlingen

anspruchsvolle Radtour mit einem langen, kurzfristig auch steilen, und mehreren kurzen Anstiegen

Schöne Wald- und Forstwege; alte Wegkreuze; Aussichtspunkt bei der Carl-Schöpf-Hütte; Glasbächletal; alte Friedhofskapelle bei Malsch; Altstadt von Ettlingen

Rimmelsbacher Hof (Mi – So ab 12 Uhr geöffnet); Malsch; Sulzbach (Gaststätte Sonneneck); Ettlingen

Ettlingen ist der ideale Ausgangspunkt, um mit dem Fahrrad die Nordausläufer des Schwarzwalds zu erkunden. Das bedeutet allerdings auch, dass man erst mal einen längeren Anstieg zu bewältigen hat. Da ist man mit einem Rad mit Elektromotor fein raus, aber bei guter Kondition ist die Tour auch mit einem guten Tourenrad oder Mountainbike zu bewältigen, evtl. muss man bei ein paar kurzen steileren Abschnitten den „Schiebegang" einlegen. Es ist auch möglich, den langen Anstieg dem Linienbus zu überlassen – vorausgesetzt, es gibt im Bus genügend Platz. In diesem Falle fährt man mit der S-Bahn bis Ettlingen Stadt, anschließend mit dem Bus 101 bis Spessart Wasserwerk und überspringt den ersten Absatz der Wegbeschreibung.

Von der **Haltestelle Albgaubad** 1 aus fahren wir über den Bahnübergang auf der Schöllbronner Straße bergan Richtung Spessart, halten uns nach 300 m beim **Schützenkreuz** 2 schwach links und folgen der gelben Raute („Waldkolonie", dann „Wasserwerk") durch die kleine Siedlung, halten uns geradeaus und fahren stetig bergan zum

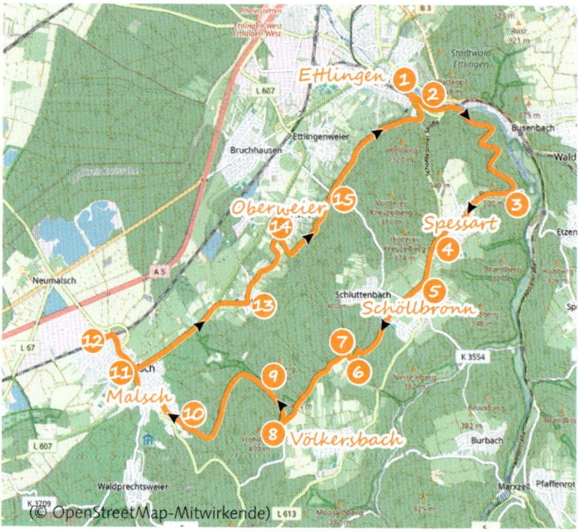

nächsten Wegweiser. Auch hier geht es geradeaus weiter („Spessart 4,5 km"), nach einem kräftigen Anstieg nochmals geradeaus („Spessart 4 km") und nun etwas sanfter bergan auf etwas holprigem Forstweg immer geradeaus, bis wir auf ein Sträßchen, den Heuweg ❸, treffen. Ihm folgen wir rechts nach kurzem Anstieg zur Höhensiedlung **Spessart**. Wir radeln auf der Talstraße und Hauptstraße durch den Ort und zweigen nach dem Ortsende (kurz nach der Bushaltestelle „Wasserwerk" ❹) links ab auf den Wirtschaftsweg parallel zur Landstraße.

Wir werfen einen Blick auf das gegenüberliegende **Hohenzollernkreuz**, wechseln nach 400 m die Straßenseite und biegen beim Ortseingang von **Schöllbronn** rechts in den Fuß-/Radweg parallel zur Schwester-Baptista-Straße ❺. Nun geht's den Wegweisern „Rimmelsbacher Hof" nach immer geradeaus am Ortsrand von Schöllbronn entlang,

Hohenzollernkreuz

Das Hohenzollernkreuz wurde als „solides und künstliches Kreutz aus stein" von Graf Hermann Friedrich von Hohenzollern gestiftet. Als Befehlshaber der kaiserlichen Truppen im Spanischen Erbfolgekrieg stürzte er hier 1709 bei einem Inspektionsritt in den Ettlinger Linien vom Pferd, ohne Schaden zu nehmen. Das Wegekreuz trägt im Sockel die Jahreszahl 1752.

INFOS

Freizeitkarte 1:50 000 des LGL-BW, Blatt F516

Im Internet unter www.ettlingen.de; www.rimmelsbacher-hof.de; www.malsch.de; www.sonneneck.de; www.efa-bw.de (Fahrplanauskunft)

ab Karlsruhe mit der S1 bis Ettlingen Albgaubad bzw. für die kürzere Version bis Ettlingen Stadt und mit Bus 101 bis Spessart Wasserwerk; ab Karlsruhe genügt als Fahrkarte die KVV-Citykarte.

mit dem Auto: nach Ettlingen am Albgaubad vorbei zum P+R-Parkplatz bei der S-Bahn-Haltestelle Albgaubad

Hohenzollernkreuz bei Spessart.

am Sportplatz vorbei zum Waldrand und geradeaus leicht bergan auf etwas holprigem Forstweg. Wenn die gelbe Raute rechts abzweigt, radeln wir noch ein paar Meter weiter zur nächsten Kreuzung, biegen rechts und gleich wieder links ab und gelangen wenig später zum Waldrand. Vor uns liegt jetzt der **Rimmelsbacher Hof** 6 (Neueröffnung, Mi–So ab 12 Uhr geöffnet), wir halten uns rechts und gelangen auf einem Holperweg am Waldrand entlang zur **Carl-Schöpf-Hütte** 7, wo wir auf den mit blauer Raute markierten Richard-Massinger-Weg treffen.

Ihm folgen wir nach links („Mahlberg") auf einem Waldweg und nach kurzem Anstieg zum Waldrand bei einer

Bank, halten uns schwach rechts und radeln 1 km am Waldrand entlang. Beim folgenden Wegweiser biegen wir scharf rechts ab 8 und folgen der gelben Raute („Malsch 5,5 km") auf steinigem Forstweg bergab, bleiben bei einer Hütte geradeaus auf der linken Talseite und fahren talabwärts durch das **Glasbächletal** 9. Nach einem Linksbogen öffnet sich ein schöner Ausblick auf die Rheinebene. Wir bleiben immer geradeaus und erreichen bei einer alten verwunschenen Friedhofskapelle 10 die zu Malsch gehörende **Waldhaus-Siedlung**. Bald treffen wir auf die Hauptstraße, fahren auf ihr an der Kirche St. Cyriak vorbei und rechts Richtung Ortsmitte zum zentralen Kreisel von **Malsch** 11. Wenn wir abkürzen wollen, bleiben wir geradeaus und gelangen auf der Sézanner Straße nach 1 km zum S-Bahn-Haltepunkt 12.

An de Carl-Schöpf-Hidd

In Wald nei falld e Wieselichd
gloid' no uff helle Fliegl
's effned sich e schdille Sichd
uff Feld un ferne Hiegl

E Bänggle gebd der schee e Raschd
de Wind schlupfd an de no
de Augebligg verlierd sei Laschd
schwebd midder grad defo
(Michael Köhler)

Eberbrunnen in Spessart.

Wenn wir noch weiter bis Ettlingen fahren wollen, biegen wir rechts in die Beethovenstraße, radeln ab Ortsende parallel zur Straße auf dem Radweg, biegen nach 2 km rechts ab und fahren nach **Sulzbach.** Auf der Ettlinger Straße gelangen wir zur Ortsmitte 13, wo wir mit einem kurzen Abstecher nach rechts die Gaststätte Sonneneck (Einkehrmöglichkeit) erreichen können. Weiter geht es auf der Kelterstraße zum Ortsende und geradeaus auf einen Teerweg am Friedhof vorbei, immer in leichtem Auf und Ab durch Felder und Streuobstwiesen, bis bei einer Bank

Ettlingen

Die Geschichte Ettlingens reicht bis in die Antike zurück. Bereits vor 2000 Jahren befand sich hier ein wichtiger Straßenkreuzungspunkt, auf dessen Resten Ettlingen entstand. Während des Pfälzischen Erbfolgekriegs wurde die Stadt beinahe vollständig zerstört und anschließend wiederaufgebaut.

Im Jahr 1727 ließ die Markgräfin Augusta Sibylla ihren Witwensitz, das heutige Barockschloss, in Ettlingen bauen. Und auch die historische Altstadt mit ihren mittelalterlichen Gassen und Brunnen lädt zum Erkunden und Verweilen ein. Für historisch Interessierte lohnt sich eine Führung durch die Stadt!

und dem Schild „Schutt Abladen verboten" ein Teerweg rechts abzweigt 14. Ihm folgen wir bergan am Hubertusstein vorbei in den Wald, wo wir auf die blaue Raute des **Saumweges** treffen, sie wird uns bis zum Ziel den Weg weisen. Wir biegen links ab und radeln auf schönen Forstwegen an **Oberweier** vorbei, queren eine Kreisstraße 15 und ein Bächlein, halten uns nach der Brücke schwach rechts, genießen die schönen Ausblicke in die Rheinebene und – bei klarer Sicht – bis zum Pfälzer Wald und folgen der blauen Raute, bis wir wieder auf das **Schützenkreuz** 2 treffen (Einkehrmöglichkeit im nahegelegenen Schützenhaus). Wir biegen links ab und gelangen nach wenigen Metern zum Ausgangspunkt 1 zurück.

Oben: Im Glasbächletal auf dem Weg nach Malsch.
Unten: Stadtmühle in Malsch.

Familienradtour von Bad Herrenalb über Ettlingen und Karlsruhe nach Leopoldshafen

21

Anfahrt mit dem Dampfzug, dann immer an der Alb entlang

↦ 20–53 km

100 Hm

Von Bad Herrenalb über Frauenalb, Marxzell, Ettlingen und Karlsruhe nach Leopoldshafen

lange, aber leichte Radwanderung ohne größere Steigungen auf meist gut befestigtem Schotter- und Teerweg

Klosterruine Frauenalb; Gedenkstein für Erzherzog Karl; Fahrzeugmuseum Marxzell; Toter-Mann-Stein; Altstadt von Ettlingen; Naturschutzgebiet Salmenwiesen; Albkapelle; Rheinauen mit Albmündung; Heimatmuseum und Waaghäusle in Leopoldshafen

Frauenalb; Marxzell; Fischweier; Ettlingen; Brauhaus „Kühler Krug";

In den Sommermonaten führen die Ulmer Eisenbahnfreunde auf der Albtalstrecke zwischen Karlsruhe und Bad Herrenalb Sonderfahrten mit dem Dampfzug (meistens am letzten Sonntag des Monats) durch, sodass sich eine sehr reizvolle Anreisemöglichkeit ergibt – der Zug führt einen Extrawagen zum Radtransport mit. Eine besondere Attraktion ist das alljährlich an einem Augustwochenende stattfindende Bahnhofsfest in Bad Herrenalb mit zusätzlichen Dampfzug-Sonderfahrten. Der Dampfzug startet in Karlsruhe Hbf. 10:18 und 14:19 Uhr, in Ettlingen Stadt um 10:38 und 13:38 Uhr (Stand 2024, telefon. Information unter 07243/1816791), ansonsten ist die Anfahrt mit der S1 möglich. Die Radwanderung ist sehr abwechslungsreich und bis auf eine kurze Steigung und einem anschließenden kurzen Gefälle sehr bequem zu fahren, sie eignet sich deshalb hervorragend als Familientour mit Kindern, zumal man parallel zur Albtalbahn fährt und damit an allen Haltepunkten die Fahrt abkürzen kann. Oder man wählt den Albtalbahnhof in Karlsruhe als Startpunkt für eine rund 25 km lange Tour, in diesem Falle fährt man links an dem kleinen Park entlang, links durch die Kleingartenanlage („Hinter dem Stephanienbad") zum nächsten Radwegweiser und liest beim vorletzten Absatz der Wegbeschreibung weiter. Bis Ettlingen verläuft die Strecke durchweg im Schatten und ist deshalb auch an heißen Tagen zu empfehlen.

Wenn wir beim Bahnhof **Bad Herrenalb** (1) ausgestiegen sind, nehmen wir die Markierung blaue Raute des **Albtalwanderweges** (auch Graf-Rhena-Weg genannt) („Ettlingen 19,5 km"), sie wird bis Ettlingen unser Wegweiser sein. Auf dem Albtalwanderweg kommt man zwar nicht ganz so schnell voran wie auf dem Radweg rechts der Alb, er ist aber landschaftlich viel interessanter und

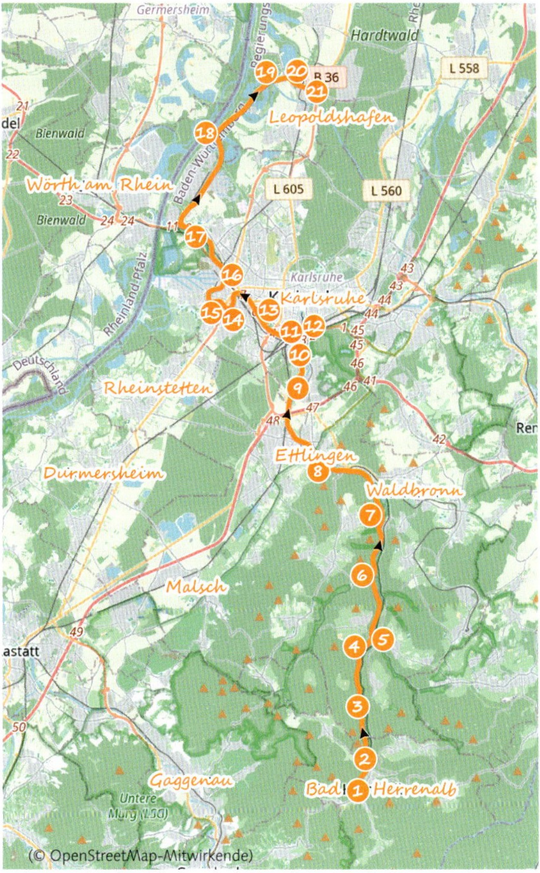

Restaurant „Beim Schupi" (Mo-Sa ab 17 Uhr, So ab 12 Uhr); Restaurant „Appenmühle" (Do-Sa ab 17 Uhr, So ab 12 Uhr); Leopoldshafen

Bad Herrenalb

Vom ehemaligen Zisterzienserkloster Herrenalb ist nach seiner langen Geschichte nur eine Ruine übrig geblieben. Von der Klosterkirche stehen noch die Mauern der im romanischen Stil erbauten Vorhalle, „Paradies" genannt, sowie der Turm und der Chor. Ein spätgotisches, mit Skulpturen geschmücktes Türmchen krönt den Giebel der Vorhalle. Mitten in der Halle hat sich unter freiem Himmel ein fast 200-jähriger Baum ausgebreitet. Der ebenfalls gotische Chor im Osten der Ruine wurde umgebaut und dient heute als Evangelische Kirche. 2017 fand in Bad Herrenalb die Landesgartenschau Baden-Württemberg statt. Herzstück war der neugestaltete Kurpark und das idyllische Flüsschen Alb.

INFOS

Freizeitkarte 1:50 000 des LGL-BW, Blatt F501

www.albtal-dampfzug.de; www.bad-herrenalb.de; www.landkreis-karlsruhe.de/frauenalb; www.marxzell.de; www.ettlingen.de; www.karlsruhe.de; http://www.brauhaus-karlsruhe.com; www.schupi.de; www.appenmuehle.de; www.egg-leo.de; www.efa-bw.de (Fahrplaninformation)

ab Karlsruhe Hbf. mit dem Dampfzug oder ab Bahnhofsvorplatz mit der S1 bis Endstation Bad Herrenalb; Rückfahrt ab Leopoldshafen Leopoldstraße mit der S1/S11;

mit dem Auto: nach Leopoldshafen Leopoldstraße und mit der S1 bis Endstation Bad Herrenalb

Kloster und Paradies in Bad Herrenalb.

abwechslungsreicher und dabei breit genug, um sowohl Radfahrer als auch Fußgänger aufzunehmen, trotzdem bitte ich auf Wanderer besondere Rücksicht zu nehmen. Wir radeln durch den Kurpark zur Straße, links durch den Ortsteil Kullenmühle 2, biegen beim Ortsende rechts ab („Ettlingen 1 km"), fahren an einer instruktiven Hinweistafel für das Naturschutzgebiet Albtal und einem Bannwaldgebiet vorbei und gelangen bald nach **Frauenalb** 3.

Unmittelbar vor der Klosterruine (sie lohnt eine eingehende Besichtigung!) biegen wir links und gleich wieder rechts ab und müssen nun die einzige kleinere Steigung unserer Radtour bewältigen, anschließend eine kleinere Gefällstrecke. Immer der blauen Raute nach treffen wir kurz vor Marxzell auf die Straße. Hier steht ein **Gedenkstein** für den Erzherzog Karl, der 1796 mit österreichischen Truppen durch das Albtal zog, um gegen das Heer zu kämpfen 4.

Wir fahren auf der Straße 150 m bergab. Wenn man nicht in **Marxzell** das Fahrzeugmuseum 5 besuchen will, bleibt man bei der Straßenkurve geradeaus und folgt weiterhin der blauen Raute („Ettlingen 12 km"). Bald fällt unser Blick auf den Gertrudenhof auf der anderen Talseite, kurze Zeit später gelangen wir zu einem Sägewerk. Wir überqueren die Straße und über eine schmale Brücke die Moosalb. Bei der nächsten Wegkreuzung gleich nach der Brücke können wir zu Fuß einen kleinen Abstecher zum 250 m entfernten **Tote-Mann-Stein** machen 6.

Weiter geht's dem Albtalweg folgend nach rechts auf einen ebenen Schotterweg. Bald treffen wir bei der – im Sommer häufig versiegten – **Graf-Rhena-Quelle** auf ein

„Heuweg" genanntes Sträßchen 7. Wir radeln auf ihm ein Stückchen geradeaus, fahren nach der Brücke rechts weiter und folgen weiterhin der blauen Raute durch einen Wald, an der Spinnerei vorbei und den Schienen entlang zum **Albgaubad Ettlingen** 8 (je nach Saison Bademöglichkeit im Freibad bzw. Hallenbad, S-Bahn-Haltestelle, siehe auch Tour 20).

Wir radeln noch ein paar Meter geradeaus, biegen rechts ab in die Luisenstraße, bei der nächsten Kreuzung rechts und folgen nun immer den Radwegmarkierungen: zunächst Richtung „Ettlingen Zentrum" an der Alb entlang und der **Martinskirche** vorbei durch die Ettlinger Altstadt, bei der Rathausbrücke geradeaus („Karlsruhe 7,6 km"), ebenso bei der nächsten Kreuzung („Ka-Oberreut"). Nach der Albbrücke geht es rechts über die Gleise und immer den Zeichen nach an der Alb entlang, beim nächsten Wegweiser geradeaus Richtung „Ka-Dammerstock" unter der neuen B3 und der Autobahn hindurch durch das Naturschutzgebiet „**Salmenwiesen**" 9, in dem man oft Graureiher beobachten kann. Wir orientieren uns nun an den Schildern „Radfernweg nach Karlsruhe" und radeln am Ortsteil Weiherfeld vorbei über die Bahnbrücke und durch eine Unterführung zum nächsten Radwegweiser bei der **Franziskuskirche** 10. Wenn wir abkürzen wollen, halten wir uns rechts und erreichen in wenigen Minuten den Albtalbahnhof 11 bzw. den Hauptbahnhof 12. Wenn wir noch weiterwollen, biegen wir halblinks ab.

Nun geht's, immer den Radwegzeichen und Schildern „Rappenwört" nach, auf viel begangenen und befahrenen Wegen, auch mit blauer Raute markiert, auch Lehrpfad „Die Alb erzählt", an der Alb entlang. In der Folge wechseln wir mehrmals die Uferseite und radeln am Europabad vorbei durch die Seenlandschaft der Günther-Klotz-Anlage 13 und am Brauhaus „Kühler Krug" (Einkehrmöglichkeit) vor-

Nunnerzus

En Haufe Landschafd um me rum,
un iwwerall dud's schbrieße,
manchmol grad, doch moischdens grumm,
so isch mei ewich Fließe.
D'Sonn glänzd uff meim Wellegloid,
des mid de kiehle Falde.
Nach Eddlaschee ischs nimmeh weid,
do däde gern mol halde.
Doch derf e jo ned raschde,
mol bleiwe an rem Ord,
muss immer weider haschde,
schaff' eich des Wasser ford.
Jo Alb, so du e hoiße,
bin schdeds meim Wese drei,
du' immer weider roise,
bis no zum Vadder Rhei.

(Michael Köhler)

bei, unterqueren das Straßenbündel beim Entenfang, folgen dann den Wegweisern „Daxlanden" und „Beim Schupi" (Einkehrmöglichkeit, kurzer Abstecher nach links), an der **Albkapelle** 14 und dem Appenmühlwehr vorbei zur **Appenmühle** 15 (Einkehrmöglichkeit).

Hier verzweigt sich der Radweg, wir bleiben geradeaus Richtung „Rappenwört, Wörth am Rhein" und können uns auf ein besonders schönes Wegstück freuen. Bald passieren wir das Rheinhafenbad, das Kohlekraftwerk und die **S-Bahn-Haltestelle Rheinhafen** 16 (Kürzungsmöglichkeit) und radeln am **Naturfreundehaus Albhäusle** 17 vorbei durch zwei Bahnunterführungen zum nächsten Radwegweiser. Hier biegen wir rechts ab („Leopoldshafen") und folgen den Radwegzeichen ein paar Meter parallel zur B 10, links ab durch das Gelände der Ölraffinerie und am Ölhafen vorbei. Bald fällt der Blick auf den Rhein und unser Weg knickt nach rechts ab 18. Nach 700 m queren wir die Alb, biegen gleich nach der Brücke links ab und radeln auf den Hochwasserdamm, bis es nach einer Brücke geradeaus nicht mehr weitergeht 19. Bevor wir der Markierung halbrechts nach Lepoldshafen folgen, sollten wir uns einen kurzen Abstecher zur Albmündung gönnen: Links auf dem Damm bis zur übernächsten Brücke und etwa 300 m gera-

Familienradtour auf dem Albtalweg in der Günther-Klotz-Anlage.

Frauenalb

Frauenalb ist eine im oberen Albtal auf der Gemarkung Marxzell gelegene Klosterruine. Eberhard III. von Eberstein stiftete 1180/85 zusammen mit seiner Mutter Uta das Kloster Frauenalb. Der Freiadelsstift nahm nur Töchter adliger Familien auf. Im gotischen Klosterbau brach 1508 ein Brand aus, der Abtei und Konvent zerstörte. Das wiederaufgebaute Kloster wurde im Bauernkrieg 1525 ausgeraubt, erlangte aber durch seine ausgedehnten Besitztümer bald wieder den früheren Wohlstand. Nach wechselvoller Geschichte wurde das Kloster 1803 aufgegeben und diente dann als Militärlazarett und Fabrikgebäude. Mehrmals brach in den Folgejahren Feuer in der Anlage aus, sie besteht seit 1853 nur noch aus ausgebrannten Ruinen. 1960 erwarb die „Stiftung Frauenalb" die Gebäude, kümmert sich seitdem um ihren Erhalt und veranstaltet alljährlich in den Sommermonaten Konzerte und Theateraufführungen in der stimmungsvollen Ruine.

Tote-Mann-Stein

Der Tote-Mann-Stein stammt aus dem Jahre 1570 und ist damit der älteste Grenzstein der Gemarkung Ettlingen. Er trägt die Inschrift: von alters he r zum toten mann wardt ich von de r stad t ettlingen gnann t.

Ein Totengerippe mit Sanduhr in der Hand erinnert an einen Vogeldieb, der an dieser Stelle ein Starennest ausheben wollte und dabei mit tödlichen Verletzungen vom Baum stürzte. Nach einer Sage geht der Geist des Mannes hier um und führte einmal mit einem Wandersmann folgendes Gespräch:

W: Wo geht der Weg so aus?
G: Da oben hau ich Vögel aus.
W: Ich glaub, du hörst nicht wohl!
G: Ja, der Baum ist faßhohl.
W: Ich glaub, du bist ein Narr!
G: Es können drin sein sieben oder acht.
W: Du bist wahrhaftig nicht gescheit!
G: Ja, das Loch ist ziemlich weit.
W: Wenn ich dich unten hätt,
wollt ich dich klopfen!
G: Wenn ich sie haus hätt,
wollt ich sie ropfen!

Ettlingen mit der Alb.

deaus zu Fuß bis zur Mündung in den Rhein. Wieder zurück auf dem Damm folgen wir den Radwegzeichen auf asphaltiertem Weg nach **Leopoldshafen Ortsmitte** 20, biegen beim Heimatmuseum (siehe auch Tour 7) und Waaghäusle schwach rechts ab und fahren auf der Leopoldstraße bis zur **S-Bahn-Haltestelle Leopoldstraße** 21.

Links: Dampfzüge im Bahnhof Bad Herrenalb.

Die Albkapelle – das Wahrzeichen Grünwinkels

Im Jahr 1713 wurde die heutige Kapelle zunächst als Holzkapelle an der damaligen Hauptstraße (heute Durmersheimer Straße) von Grünwinkel errichtet, 1759 entstand dann der heute bestehende Bau. Ihre liturgische Nutzung büßte die Albkapelle im Jahr 1909 ein, als die Stadt Grünwinkel die Notkirche St. Josef erhielt. Anschließend wurde sie nicht mehr verwendet und mit der Kleinbahn, der „Lobberle", die seit 1890 auf der Durmersheimer Straße von Durmersheimm nach Karlsruhe fuhr, schien sie sogar im Weg. 1913 »rettete« Kommerzienrat Robert Sinner die Kapelle, indem er ihre Versetzung an den neuen Platz am Hochufer der Alb finanzierte. An der Fassade der Kapelle ist ein Flurkreuz aus dem Jahr 1792 befestigt, das ursprünglich am Weg nach Daxlanden stand.

Radtour von Bad Herrenalb über Moosbronn und Malsch nach Ettlingen

22

Auf der Grenze zwischen Baden und Württemberg

↦ 21–30 km

300 Hm

Von Bad Herrenalb über Bernbach, Moosbronn, Malsch und Sulzbach nach Ettlingen

mittelschwere Radtour mit meist mäßig steilem Anstieg, zumeist auf Forst- und Wirtschaftswegen

Falkensteinfelsen; alter Grenzweg Baden-Württemberg; Wallfahrtskirche Maria Hilf in Moosbronn; Kirche St. Cyriak in Malsch; Ettlingen (Altstadt, Martinskirche u. a.)

Bernbach; Althof; Moosbronn; Malsch; Sulzbach; Ettlingen

Herrliche Landschaftseindrücke auf zumeist befestigten oder asphaltierten Forst- und Wirtschaftswegen erwarten uns auf der Radtour vom Albtal über Moosbronn und Malsch nach Ettlingen. Unterwegs gibt es Interessantes zu entdecken: die Falkensteinfelsen bei Bad Herrenalb, die Wallfahrtskirche Maria Hilf in Moosbronn oder die Spuren der alten Landesgrenze zwischen Baden und Württemberg. Auch das kulinarische Angebot kann sich sehen lassen: Mehrere Gasthäuser am Wegesrand laden ein, sich mit regionalen Spezialitäten verwöhnen zu lassen. Die Anstiegsmühen halten sich mit etwa 300 Höhenmetern in Grenzen, mit einem guten Tourenrad muss man nur an wenigen kurzen Stellen den „Schiebegang" einlegen. Die nicht allzu lange Tour eignet sich auch gut als Familienausflug mit älteren Kindern, wenn sie die entsprechende Kondition mitbringen, zumal man nach zwei Dritteln der Strecke abkürzen und den S-Bahnhof Malsch ansteuern kann.

Wallfahrtskirche Maria Hilf in Moosbronn.

Vor dem **Bahnhof** 1 halten wir uns rechts und folgen für die nächste Zeit der gelben Raute und den Wanderwegweisern Richtung Bernbach in die Straße „Am Ziegel-

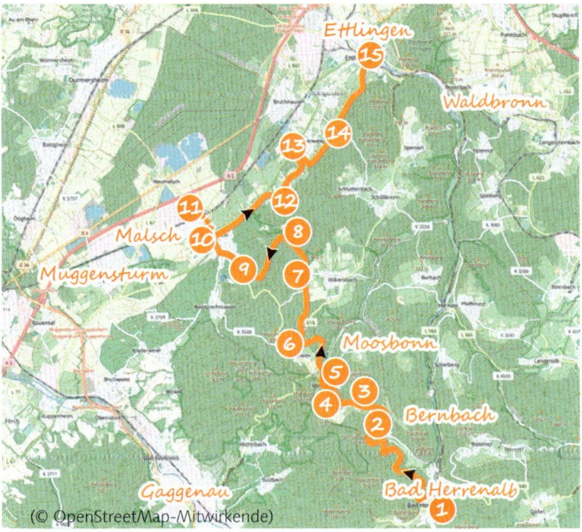

(© OpenStreetMap-Mitwirkende)

bronnen", biegen bei der nächsten Kreuzung rechts ab in den Rehteichweg, fahren bergan (zum Schluss etwas steil) zu einem Waldparkplatz und nochmals rechts in die Falkenburgstraße. Nun geht es auf schönem Forstweg immer mäßig steil bergan, vorbei an einem Hüttchen oberhalb der Falkensteinfelsen, dann auf fast ebenem Weg an einem kleinen Teich vorbei nach **Bernbach** 2.

Wir radeln auf dem Herrenalber Weg bis zur Kirche (Einkehrmöglichkeit im Gasthaus Bären), weiter auf der Frauenalber Straße („Moosbronn 3,5 km") und biegen vor der Festhalle links und wenig später nochmals links ab („Moosbronn 3 km"). 200 m weiter zweigt die gelbe Raute halbrechts ab, wir wählen aber den mittleren der drei Wege

Bernbach

Der Ort **Bernbach** existiert schon seit über 800 Jahren, wenngleich das erste Auftauchen nur über indirekte Indizien zu datieren ist. Papst Alexander III. nennt den Hof Moosbronn, der zu Bernbach gehört, in einer Urkunde, die auf den 21. Dezember 1177 datiert ist und der Zisterzienser-Abtei von Herrenalb ihre Klostergüter bestätigt. Selbst in die Historiographie trat Bernbach als Weiler von Michelbach (Gaggenau) ein: 1219 taucht – gemeinsam mit Michelbach – erstmalig der Name „Bernbach" in einer Urkunde aus Eberstein auf. Heute ist Bernbach seit der Eingemeindung 1975 ein Ortsteil der Stadt Bad Herrenalb.

INFOS

Freizeitkarte 1:50 000 des LGL Baden-Württemberg, Blatt F501

www.bad-herrenalb.de; baeren-bernbach.de; www.hotel-moenchhof.de; www.malsch.de; www.sonneneck.de; www.ettlingen.de; www.lillehuscafe.de; www.naturfreunde-karlsruhe.de/haeuser/moosbronn; www.efa-bw.de (Fahrplanauskunft)

ab Karlsruhe mit der S1 bis Endstation Bad Herrenalb; Rückfahrt ab Ettlingen mit der S1 bzw. ab Malsch mit der S31/S32

und fahren mit einem kleinen Anstieg durch Wiesen und Felder. Bald gesellt sich wieder die gelbe Raute zu uns sowie die Schilder des **historischen Grenzweges** 3, der der alten Grenze zwischen Baden und Württemberg folgt. Wenig später zweigt ein Teerweg nach links ab, auf ihm gelangen wir mit einem kurzen Abstecher nach Althof 4 zum Gasthof „Zur Linde“ (Einkehrmöglichkeit). Ansonsten geht es geradeaus weiter, vorbei am Naturfreundehaus (Einkehrmöglichkeit am Wochenende und feiertags) zur Straße und auf ihr links nach **Moosbronn**.

Wir halten uns rechts und gelangen nach wenigen Metern zur **Wallfahrtskirche Maria Hilf** 5. Unmittelbar neben der

Moosbronn

Der kleine Ort Moosbronn war einst nicht nur Grenzstadt, sondern wies noch eine Besonderheit auf: Im Mittelalter gehörte er zu gleichen Teilen den Klöstern Frauenalb und Herrenalb. Nach Auflösung der Klöster sicherte sich der Markgraf von Baden die Besitzungen Frauenalbs, während der Herzog von Württemberg sich die Herrenalber Ländereien aneignete. Als Folge verlief bis zur Gründung Baden-Württembergs die Landesgrenze quer durch Moosbronn. Moosbronn ist auch ein Marienwallfahrtsort: Die idyllisch gelegene Kirche Mariahilf, 1749 errichtet, ist mit ihrem Zwiebelturm und dem vergoldeten Altar ein schönes Beispiel des süddeutschen Barock. Hier lag auch die sogenannte »Wespentaille« des alten Landes Baden: An der schmalsten Stelle waren es von der württembergischen Grenze bis zum Rhein nur 17 km.

Links: Innenansicht der Wallfahrtskirche Maria Hilf.

Alter Grenzstein der Grenze Baden-Württemberg in Moosbronn.

Kirche verläuft die alte Grenze, erkennbar an einem großen Grenzstein mit einer Infotafel. Das Hotel Mönchhof lädt zur zünftigen Einkehr ein. Wir fahren auf der Straße aus dem Ort bis zu einem Waldparkplatz. Die Straße knickt hier nach links ab, wir bleiben geradeaus und radeln über den Parkplatz und weiter auf schönem, fast ebenem Forstweg und bleiben immer geradeaus auf dem breiten Weg bis zum Waldrand 6. Hier treffen wir auf die blaue Raute des Richard-Massinger-Weges, der wir ein Stück folgen: am Waldrand entlang, über die Landstraße und an einem Naturschutzgebiet entlang (nach

Alder Grenzschdoi

Hiwwe isch dohanne
un driwwe isch dieba [schwäb. »drüben«]
dezwische en Schdoi
von de Zeid verwasche
e Grenz,
wo isch mol gwäh
un
jedzerd ischs
grad
hiwwe wie driwwe

(Michael Köhler)

Auf dem Weg nach Moosbronn.

rechts schöner Blick auf **Völkersbach** mit seinem markanten achteckigen Kirchturm) zu einer weiteren Straße, der wir 500 m geradeaus folgen, bis sie rechts abknickt (7). Nun folgen wir wieder der blauen Raute geradeaus und nach 200 m der gelben Raute halblinks („Malsch 5,5 km"). Wir radeln auf steinigem Forstweg bergab, bleiben bei einer Hütte geradeaus auf der linken Talseite und fahren talabwärts durch das **Glasbächletal** (8). Nach einem Linksbogen öffnet sich ein schöner Ausblick auf die Rheinebene. Wir bleiben immer geradeaus und erreichen bei einer alten verwunschenen Friedhofskapelle (9) die zu Malsch gehörende **Waldhaus**-Siedlung. Bald treffen wir auf die Hauptstraße, fahren auf ihr an der Kirche St. Cyriak vorbei und rechts Richtung Ortsmitte zum zentralen Kreisel von **Malsch** (10). Wenn wir abkürzen wollen, bleiben wir geradeaus und gelangen auf der Sézanner Straße nach 1 km zum S-Bahn-Haltepunkt (11).

Wenn wir noch weiter bis Ettlingen fahren wollen, biegen wir rechts in die Beethovenstraße, radeln ab Ortsende parallel zur Straße auf dem Radweg, biegen nach 2 km rechts ab und fahren nach **Sulzbach.** Auf der Ettlinger Straße gelangen wir zur Ortsmitte (12), wo wir mit einem kurzen Abstecher nach rechts die Gaststätte Sonneneck (Einkehrmöglichkeit) erreichen können. Weiter geht es auf der Kelterstraße zum Ortsende und geradeaus auf einen Teerweg am Friedhof vorbei, immer in leichtem Auf und Ab durch Felder und Streuobstwiesen, bis bei einer Bank und dem Schild „Schutt Abladen verboten" ein Teerweg rechts abzweigt (13). Ihm folgen wir bergan am Hubertusstein vorbei in den Wald, wo wir auf die blaue Raute des **Saumweges** treffen, sie wird uns bis zum Ziel den Weg weisen. Wir biegen links ab und radeln auf schönen Forstwegen an Oberweier vorbei, queren eine Kreisstraße 14 und ein Bächlein, halten uns nach der Brücke schwach rechts, genießen die schönen Ausblicke in die Rheinebene und – bei klarer Sicht – bis zum Pfälzer Wald, biegen beim Wegweiser „Drachengarten" links ab („Ettlingen Stadt 1 km") und folgen dem Weg nach einer Doppelkurve immer geradeaus, vorbei am Café LilleHus (eine besondere Empfehlung für alle, die kein Gluten vertragen!), bis zum Stadtbahnhof **Ettlingen** 15 (siehe auch Tour 20).

Alb und St. Martinskirche in Ettlingen.

Von Freudenstadt in zwei Tagen durch das Murgtal über Baiersbronn, Forbach und Gernsbach nach Rastatt

23

Auf der „Tour de Murg" durch das Tal der Hämmer

↦ 61–67 km

▲ 250 Hm

Freudenstadt über Baiersbronn, Klosterreichenbach, Schönmünzach, Forbach, Gernsbach und Gaggenau nach Rastatt

kurz nach Freudenstadt Steilabfahrt nach Christophstal, ansonsten durchweg leichte Tour mit unbedeutenden Steigungen, meist auf asphaltierten Radwegen

Murgtal; Marktplatz in Freudenstadt; Tal der Hämmer; Klosterkirche in Klosterreichenbach; Stauwehr Kirschbaumwasen; historische Holzbrücke in Forbach; Schloss Eberstein; historisches Ortsbild in Gernsbach; Unimog Museum Gaggenau; Rastatt (Barockschloss, altes Rathaus u.a.)

Der Murgtalradweg ist talabwärts für Familien mit Kindern und Senioren besonders empfehlenswert, da er nur kurze, wenig steile Anstiege aufweist. Zahlreiche Grill-, Rast- und Spielplätze sowie viele Sehenswürdigkeiten wie der berühmte Marktplatz von Freudenstadt (der größte Marktplatz Deutschlands!), die Klosterkirche in Klosterreichenbach, die historische Holzbrücke in Forbach, die historische Altstadt von Gernsbach oder das Barockschloss in Rastatt laden entlang der abwechslungsreichen Strecke zum Verweilen ein. Konditionsstarke Radler können die 67 km lange und bestens beschilderte Tour an einem Tag schaffen, gemütlicher ist die Aufteilung in zwei Tagesetappen, z. B. mit einer Zwischenübernachtung in Forbach. Zu Beginn der ansonsten technisch leichten Tour hat man eine Steilabfahrt bis Christophstal zu bewältigen, die besondere Vorsicht verlangt. Ich empfehle deshalb Familien mit kleineren Kindern, die ersten Kilometer zu überspringen und Friedrichstal oder Baiersbronn als Ausgangspunkt zu wählen. Da die durchweg gut markierte Route parallel zur Murgtalbahnstrecke verläuft, lässt sie sich

in beliebig kurze Teilabschnitte zerlegen. Seit einiger Zeit verkehren auf der Murgtalstrecke auch Regionalzüge der Deutschen Bahn, sie eignen sich besser für die Anfahrt mit Fahrrädern, da sie wesentlich größere Vielzweckabteile besitzen als die S-Bahnen der Linie S8. Besonders reizvoll ist die Anfahrt mit dem historischen Dampfzug der Ulmer Eisenbahnfreunde. Er verkehrt von Juni bis Oktober zumeist am ersten Sonntag im Monat bis Baiersbronn und führt einen Gepäckwagen zur kostenlosen Fahrradbeförderung mit. Nähere Auskunft erhalten Sie telefonisch unter 07243/7159686 oder im Internet unter www.murgtal-dampfzug.de.

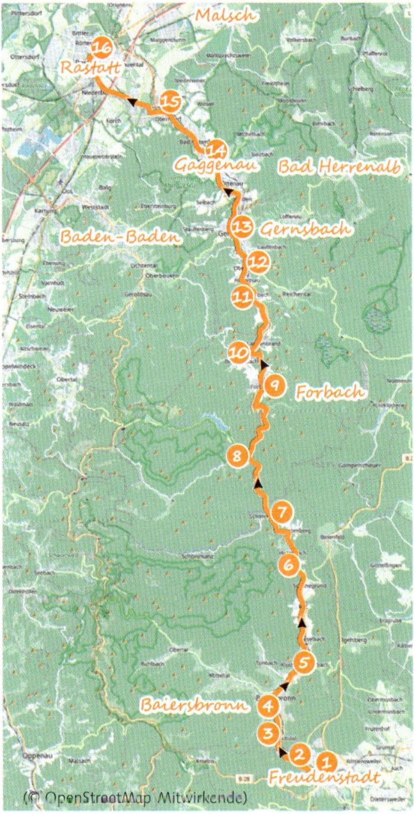

Vom **Bahnhof Freudenstadt Stadt** 1 aus fahren wir rechts und gleich wieder links, der Radwegmarkierung folgend, in die Moosstraße, biegen rechts ab und folgen nun immer den „Tour de Murg"-Radwegzeichen („Rastatt 67,5 km") im Zickzack aus dem Ort, dann auf einem Teerweg steil bergab (Vorsicht!) ins **„Tal der Hämmer"** und nun auf einem Sträßchen talabwärts durch die ehemalige Bergbausiedlung **Christophstal** 2 und weiter an einem idyllisch gelegenen Fischteich vorbei zur Fischerhütte (Einkehrmöglichkeit). Ein paar Meter weiter passieren wir die ehemalige **Erzgrube Sophia**, eine der ältesten Gruben des Bergbaureviers. Linker Hand sehen wir die Michaelskirche, wir fahren durch **Friedrichstal** 3, vorbei an einer historischen Breithammeranlage und dem Backhäusle und gelangen durch Industrieanlagen zum Bahnhof **Baiersbronn** 4 (siehe auch Tour 25).

Wir queren die Straße beim Bahnübergang und folgen den Radwegzeichen parallel zum Gleis, vorbei an einem

in allen Orten am Wegesrand

Links: Frühling im Murgtal mit Blick auf Weisenbach.

INFOS

Freizeitkarte 1:50 000 des LGL-BW, Blätter F504 und F501

www.murgtal.org; www.murgtal-dampfzug.de; www.freudenstadt.de; www.shw-fr.org/museum; www.baiersbronn.de; www.forbach.de; www.gernsbach.de; www.gaggenau.de; www.rastatt.de; www.efa-bw.de (Fahrplanauskunft)

ab Karlsruhe Hbf. mit dem RE oder ab Karlsruhe Albtalbahnhof mit der S8 bis Freudenstadt Stadt; Rückfahrt ab Rastatt mit dem Regionalzug oder der S-Bahn

großen Spielplatz, überqueren beim Ortsende die Straße und radeln auf einem bequemen Teerweg durch das nun breitere Murgtal an einem großen Stauwehr vorbei nach **Klosterreichenbach** 5.

Beim Bahnübergang fahren wir links über die Murgbrücke, halten uns gleich wieder rechts und radeln auf schönem Weg parallel zur Bahnlinie und an einer Wassertretstelle vorbei nach Röt. Nach dem Bahnhaltepunkt queren wir das Gleis und gelangen zum kleinen Sulzwiesensee. Ein kurzer Anstieg wird bald darauf durch den schönen Ausblick auf **Huzenbach** belohnt. Beim Bahnhaltepunkt Huzenbach 6 wechseln wir wieder die Talseite und radeln auf eindrucksvollem Höhenweg, zum Schluss ein paar Meter steil bergab, zum Haltepunkt **Schwarzenberg**. Nun geht's ein Stück auf der Straße nach **Schönmünzach.**

Beim Bahnhof 7 queren wir nochmals das Gleis und fahren auf schönem Höhenweg, immer in leichtem Auf und Ab, vorbei an den unterhalb des Weges liegenden Haltepunkten Kirschbaumwasen mit einem eindrucksvollen Stauwehr und Raumünzach 8, durch ein Felsentor und gelangen wenig später zu unserem Etappenziel **Forbach** und, immer geradeaus bleibend, an der historischen Holzbrücke vorbei zum Bahnhof 9.

Ab **Bahnhof Forbach** 9 geht es nun weiter auf der „Tour de Murg" („Rastatt 31 km") zum Ortsteil Gausbach. Nach einem Anstieg von etwa 100 Höhenmetern radeln wir auf schönem Waldweg hoch über dem Murgtal und schließlich hinab nach **Langenbrand** 10. Bei der Bushaltestelle halten wir uns scharf links und treffen auf die B462. Auf ihr geht es 100 m nach rechts, durch eine Unterführung und auf geteertem Weg durch den Wald und parallel zum Gleis zum Haltepunkt **Au**. Immer auf die Markierung achtend fahren wir im Zickzack durch den Ort und an der Murg entlang nach **Weisenbach** 11. Hier wechseln wir auf die andere Talseite, fahren etwa 1,5 km auf der Bundesstraße, dann links über die Murgbrücke durch das Gelände einer Papierfabrik und gelangen nach **Obertsrot** 12 mit schönem Blick auf **Schloss Eberstein**. Nun radeln wir auf einer Kreisstraße am Grafensprung, einem Felsvorsprung mit kleinem Pavillon, vorbei nach **Gernsbach**.

Wir fahren geradeaus durch den Ort über den Marktplatz 13 mit seinen schönen Fachwerkhäusern, dann durch Streuobstwiesen und über die Murgbrücke nach **Hörden**.

Unsere Markierung schickt uns wenig später wieder über die Murg, durch ein Industriegelände („Rastatt 15 km") und weiter nach **Gaggenau** 14. Beim Penny-Markt queren wir die Straße, halten uns nach den Sportplätzen rechts, fahren an der Murg entlang durch ein Felsentor, biegen beim großen Kreisel rechts ab (geradeaus gelangt man nach wenigen Metern zum Rotherma Thermalbad), vor der Murgbrücke links und radeln am Schloss Rotenfels vorbei, dann parallel

Die Murgtalbahn

Die Historie der Murgtalbahn beginnt mit einer Kuriosität: Für den Bau einer Strecke von nur 58 km – sie verläuft zwischen Rastatt und Freudenstadt – benötigte man für Planung und Bau etwa 70 Jahre. Grund hierfür waren schlichtweg Grenzquerelen. Obwohl schon um 1850 der Gedanke auftauchte, das Murgtal mithilfe einer Bahnlinie besser zu erschließen und so die bisher mit Flößen transportierten großen Holzvorräte des Gebiets auf der Schiene zu befördern, scheiterten alle Versuche, Planungen und Eingaben am württembergischen Königreich und dem badischen Großherzogtum. Die beiden damals noch selbstständigen Staaten bauten letztlich beiderseits der gemeinsamen Grenze auf Schönmünzach zu, wo erst 1928 das letzte Teilstück fertiggestellt wurde. Dennoch mussten an diesem vormaligen Grenzbahnhof noch über Jahre hinweg die Lokomotiven inklusive Bedienungsmannschaft ausgewechselt werden.

Heutzutage fahren auf der Strecke die modernen Stadtbahnwagen der Albtal-Verkehrs-Gesellschaft (AVG) und seit einiger Zeit auch Regionalzüge der Deutschen Bahn. Ein besonderer Leckerbissen für Nostalgiefreunde sind die Fahrten der Ulmer Eisenbahnfreunde mit historischen Dampfzügen zwischen Karlsruhe und Baiersbronn.

Im Tal der Hämmer

Der Erzabbau war im Schwarzwald über lange Zeit eine wichtige Einnahmequelle. So ließ der württembergische Herzog Christoph ab etwa 1550 im Forbachtal Erz abbauen und um 1600 gab es schon die erste Hammerschmiede. In einem Dorf bei Baiersbronn, das 1808 zu Ehren des Königs Friedrich von Württemberg „Friedrichstal" genannt wurde, entstanden die „Neuen Werke". Auf dem Erlebnispfad „Im Tal der Hämmer" und im kleinen **Friedrichstaler Schmiedemuseum** wird die Geschichte des Bergbaus und der Erzverarbeitung wieder lebendig. Führungen durch das Museum finden nach telefonischer Absprache (Christoph Wörner, 0175/2775026) an Wochenenden für Gruppen ab 5 Personen statt.

zur B 462 nach **Oberndorf** und weiter nach **Kuppenheim** 15. Auf schönem Uferweg gelangen wir zur Murgbrücke. Rechts erreicht man gleich nach der Brücke den S-Bahnhof. Wenn man noch weiter bis Rastatt radeln will, biegt man links („Rastatt 5,3 km") und gleich wieder rechts ab,

Klosterreichenbach

„Hier standen die Bäume so dicht und so hoch, dass es am hellen Tag beinahe wie Nacht war und selbst die Vögel diese Tannennach zu meiden schienen", so schrieb der Dichter Wilhelm Hauff (1802–1827). Wie an vielen anderen Orten, können wir auch hier sehen, dass es die Klöster waren, die die Besiedelung des lange Zeit nahezu unbesiedelten Schwarzwaldes vorantrieben. Als eines der ältesten und bekanntesten Klöster ist das 1082 gegründete Kloster in Klosterreichenbach in der Geschichte der Kultivierung des Schwarzwaldes unbedingt zu nennen.

Um das romanische Kloster herum entwickelte sich nach und nach ein Dorf, das mit diesem in engem Austausch stand und darüber hinaus jedoch auch für die Holzwirtschaft von großer Wichtigkeit war. Bis heute gibt es entlang des Tals noch betriebene Bauernhöfe, die schon früher die Mönche des Klosters versorgt hatten. Inzwischen ist Klosterreichenbach einer der ältesten und traditionsreichsten Kurorte im Murgtal, der auch kulturell und gastronomisch einiges an Veranstaltungen rund um den historischen Ortskern mit dem Kloster zu bieten hat.

Forbach

Mit **Forbach** befindet sich im wildromantischen Murgtal eine der größten baden-württembergischen Waldgemeinden. Forbach ist ein staatlich anerkannter Luftkurort und kann Besucherinnen und Besuchern mit Wäldern, Tälern und Seen im Nationalparkgebiet ein außergewöhnliches Naturerlebnis bieten. So ist es nicht verwunderlich, dass seit fährt auf dem Murgdamm unter der Autobahn hindurch und geradeaus weiter nach **Rastatt**. Nach den Sportanlagen und dem Freibad geht es links durch eine Bahnunterführung, rechts auf den Ludwigring und nach der Murgbrücke (Obere Stauschleusenbrücke) rechts zum **Bahnhof** 16.

Mitte des 20. Jahrhunderts der Tourismus einer der wichtigsten wirtschaftlichen Faktoren Forbachs darstellt. Als Naherholungsziel die Ferienregion auch Gäste aus der Region Karlsruhe oder dem nahegelegenen Elsass an.

Das Wahrzeichen der Gemeinde ist die überdachte historische Holzbrücke, die eine der größten ihrer Art in Europa ist. Die 1976 generalsanierte Brücke ist ein originalgetreuer Nachbau von 1954/55, der auf der vorigen, seit 1778 in der heutigen Form existierenden Brücke basierte. Ein anderes beliebtes Ausflugsziel ist die Schwarzenbach-Talsperre. Auf fast 700 Metern gelesen, speisen ihre über 14 Millionen Kubikmeter Wasservorrat das Forbacher Elektrizitätswerk.

Gernsbach

Mit **Gernsbach** liegt der nächste Luftkurort auf unserer Strecke. Die „Perle des Murgtals" ist nicht weniger malerisch als Forbach und kann auf eine interessante Vergangenheit zurückblicken, die uns zahlreiche Sehenswürdigkeiten hinterlassen hat. Die historische Altstadt mit der Stadtbefestigung ist geprägt von eindrucksvollen Baudenkmälern, imposanten Fachwerkhäusern und Brunnen, die allesamt vom Reichtum verflossener Tage zeugen. Durch die verwinkelten Gassen kommt man am wohl schönsten und bekanntesten Gebäude des Murgtals vorbei, dem Alten Rathaus, und gelangt zum Marktplatz, an dem man gut Bummeln und Verweilen kann. Weitere Besonderheiten sind der Katz'sche Garten, der Kurpark sowie das Schloss Eberstein, das von oben auf das Murgtal hinabblickt (heute ein Hotel-Restaurant). Besondere Ereignisse sind die Puppentheaterwoche im Frühjahr und das Altstadtfest im September.

Radtour vom Hornisgrindeturm über das Waldgasthaus Scherrhof nach Baden-Baden

24

Vom höchsten Punkt im Nordschwarzwald geht's immer bergab

↦ 35 km

130 Hm

Vom Hornisgrindeturm über Mummelsee, Unterstmatt, Hundseck, Sand, Plättig, Waldgasthaus Scherrhof und Lichtental nach Baden-Baden

wenig anstrengende Fahrradtour, überwiegend auf Schotterwegen; einige steile Abfahrten erfordern Vorsicht; der Wildnispfad am Plättig (Abstecher zu Fuß) braucht gute Trittsicherheit

Hornisgrindeturm; Mummelsee; Bergkapelle Sand; Wildnispfad am Plättig; Baden-Baden (Kloster Lichtental, Lichtentaler Allee, Trinkhalle u. a.)

Wie kommt man denn mit dem Fahrrad ohne Anstrengung auf die Hornisgrinde? Ganz einfach! Seit einigen Jahren verkehrt von Mai bis Oktober an den Wochenenden der Linienbus 423 vom Bahnhof Achern bis zum Hornisgrindeturm (Haltestelle „Nationalpark Hornisgrinde") mit einem Anhänger für 16 Fahrräder. Da bei schönem Wetter der Andrang groß sein kann, ist es dringend empfehlenswert, sich mindestens 3 Tage vorher im Internet unter www.t1p.de/busgruppe anzumelden (der Verkehrsverbund ist TGO, bei „wichtige Hinweise" Fahrradbeförderung eintragen). Den genauen Fahrplan erhalten Sie unter www.ortenaulinie.de/Startseite/Fahrplan/Regionalbusverkehr.html. Bei nur 130 Höhenmetern Anstieg ist die Tour zwar wenig anstrengend, dennoch sollte man sie nicht unterschätzen: Einige steile Abfahrten, teils auf Schotterpisten, erfordern volle Aufmerksamkeit und gute Bremsen. Da die erste Weghälfte gleichzeitig ein Wanderweg ist, bitte ich Sie um entsprechende Rücksichtnahme. Wer über gute Trittsicherheit verfügt, kann am Plättig (zu Fuß!) als äußerst lohnende Einlage den Wildnispfad, ein abenteuerlicher Pfad über Stock und Stein, einbauen. Bei schlechten Sichtverhältnissen lohnt es sich nicht, mit dem Bus bis zum Hornisgrindeturm zu fahren. Dann steigt man schon beim Mummelsee aus, fährt 50 m auf der Straße hoch zum Wanderwegweiser und biegt links ab.

Wenn wir unseren Drahtesel an der Busendhaltestelle **Hornisgrindeturm** 1 ausgeladen haben, genießen wir erst einmal die grandiose Aussicht und fahren dann die Straße hinunter zum Wanderwegweiser am Mummelsee 2. Hier biegen wir rechts ab („Hundseck 8,2 km") und radeln nach kurzem Anstieg auf aussichtsreichem Schotterweg teilweise steil bergab (Vorsicht: Rutschgefahr!) nach **Unterstmatt** 3. Nun geht's dem Schild „Schwarzwaldrad-

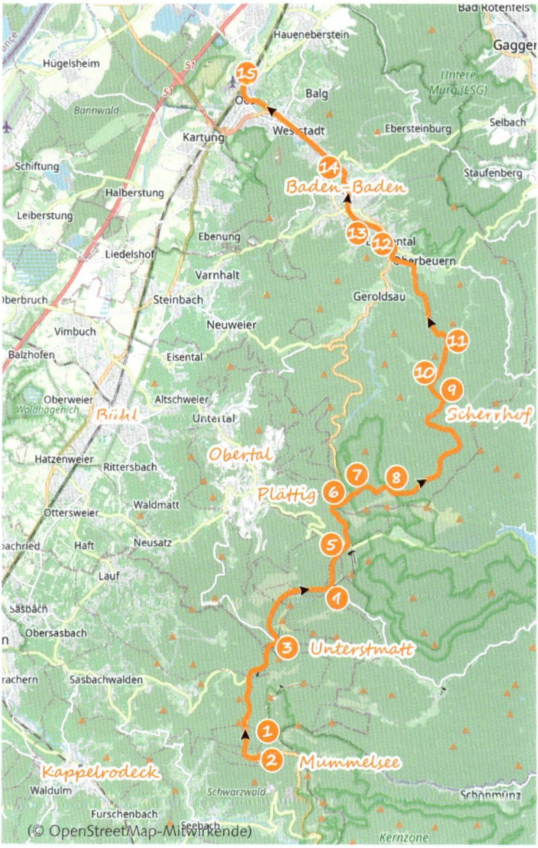

weg" nach weiter auf gemütlichem Weg zum **Hundseck** 4 und am (geschlossenen) Gasthof „Hundshütte" vorbei über den großen Parkplatz nach **Sand**, wo sich ein Besuch der kleinen Bergkapelle 5 lohnt. Wir fahren 200 m auf der Schwarzwaldhochstraße Richtung Baden-Baden, biegen halbrechts ab auf einen Waldweg, passieren eine Schranke und folgen der blauen Raute zum **Kurhaus Plättig** 6. Hier halten wir uns rechts („Scherrhof 8 km"). Nach 200 m, oberhalb der Bergkapelle, beginnt der **Wildnispfad** 7. Wer Lust und genug Zeit hat, stellt hier die Räder ab und folgt den Schildern des urigen Pfades.

Weiter geht's, nun den zuverlässigen Radwegzeichen nach, auf gemütlichem Schotterweg zur **Mittelfeldhütte** 8

Grindehütte; Hotel Mummelsee; Zur großen Tanne (Unterstmatt); Bergwaldhütte Sand; Waldgasthaus Scherrhof; Baden-Baden

INFOS

Freizeitkarte 1:50 000 des LGL-BW, Blatt F501

www.ortenaulinie.de/Startseite/Fahrplan/Regionalbusverkehr.html; www.mummelsee.de; www.zurgrossentanne.de; www.bergwaldhuette.info/Gastronomie; www.waldgasthaus-scherrhof.de; www.baden-baden.de; www.efa-bw.de (Fahrplanauskunft)

ab Karlsruhe Hbf. mit der Regional- oder S-Bahn bis Achern und weiter mit dem Radbus 423 bis Mummelsee oder Nationalpark Hornisgrinde; Rückfahrt ab Baden-Baden mit der Regional- oder S-Bahn

Hornisgrindeturm.

und geradeaus weiter („Scherrhof 6 km") sanft bergab zum **Waldgasthaus Scherrhof** 9 (Einkehrmöglichkeit). Wir biegen links ab („Lichtental 7 km"), nach 800 m rechts 10 und folgen nun immer den Radwegzeichen und Schildern „Lichtental" in rasanter Abfahrt auf asphaltiertem Weg an der **Bußackerhütte** 11 und der kleinen Siedlung **Seelach** vorbei nach **Lichtental**. Beim Brahmsplatz schwenken wir links in die Hauptstraße und fahren an der Bushaltestelle „Brahmsplatz" (Kürzungsmöglichkeit: mit Buslinie 201 zum Bahnhof Baden-Baden) vorbei zum **Kloster Lichtental** 12. Die Zisterzienserinnen-Abtei wurde 1245 von der Markgräfin Irmgard von Baden gegründet, im wunderschönen Innenhof lädt ein Café zur Einkehr ein. Wir biegen halblinks ab in eine Fahrradstraße. Sie verläuft durch ein besonderes Kleinod Baden-Badens, der **Lichtentaler Allee** 13. Wir radeln immer geradeaus an der Oos entlang, vorbei am weltberühmten „Brenners Parkhotel" (auf der ande-

Der Mummelsee

Am Scheitelpunkt der Schwarzwaldhochstraße, zwischen Ruhestein und Unterstmatt, liegt der Mummelsee. Er ist der tiefste und höchstgelegene (1036 Meter) See des Schwarzwaldes. Einer alten Sage zufolge sollen in vergangenen Zeiten Nixen und Zwerge im Mummelsee gehaust haben, auch von einem Mummelseekönig berichtet die Legende. So ist es nicht verwunderlich, dass sich auch Schriftsteller wie Eduard Mörike von der Sage zu Gedichten inspirieren ließen.

Die Geister am Mummelsee

Vom Berge was kommt dort
um Mitternacht spät
Mit Fackeln so prächtig herunter?
Ob das wohl zum Tanze,
zum Feste noch geht?
Mir klingen die Lieder so munter.
O nein!
So sage, was mag es wohl sein?
Sie schweben heruter ins
Mummelseetal –
Sie haben den See schon betreten
Sie rühren und netzen den
Fuß nicht einmal –
Sie schwirren in leisen Gebeten –
O schau,
Am Sarge die glänzende Frau!
Jetzt öffnet der See das
grünspiegelnde Tor;
Gib acht, nun tauchen sie nieder!
Es schwankt eine
lebende Treppe hervor,
Und – drunten schon summen
die Lieder.
Hörst du?
Sie singen ihn unten zur Ruh.
Das, was du da siehest, ist Totengeleit,
Und was du da hörest, sind Klagen.
Dem König, dem Zauberer,
gilt es zuleid,
Sie bringen ihn wieder getragen.
O weh!
So sind es die Geister vom See!
Die Wasser, wie lieblich sie
brennen und glühn!
Sie spielen in grünendem Feuer;
Es geisten die Nebel am Ufer dahin,
Zum Meere verzieht sich der Weiher –
Nur still!
Ob dort sich nichts rühren will?
Es zuckt in der Mitten –
o Himmel! ach hilf!
Nun kommen sie wieder, sie kommen!
Es orgelt im Rohr und es
klirret im Schilf;
Nur hurtig, die Flucht nur genommen!
Davon!
Sie wittern, sie haschen mich schon!

Baden-Baden

Die Innenstadt von Baden-Baden verfügt über eine Fülle von Sehenswürdigkeiten. Das alte Bahnhofsgebäude, zwischen 1892 und 1894 im Stil der Neorenaissance erbaut, dient heute als Vorbau des Festspielhauses; mit über 2000 Sitzplätzen verfügt es über einen der größten Konzertsäle Deutschlands. Wenige Schritte entfernt befindet sich die von Heinrich Hübsch erbaute Trinkhalle. Sie beherbergt heute ein Café und die Tourist-Information. Direkt daneben steht das berühmte Casino, welches im von Friedrich Weinbrenner erbauten Kurhaus untergebracht ist. Besonders lohnend ist ein Spaziergang entlang der Lichtentaler Allee. Sie führt über 2,3 km an der Oos entlang, vorbei an der Staatlichen Kunsthalle und dem Museum Frieder Burda. Wer in Baden-Baden Erholung und Entspannung sucht, sollte einen Aufenthalt in der Caracalla Therme nicht versäumen. Darf es traditionsreich und luxuriös zugehen, empfiehlt sich ein Besuch des Friedrichsbads. Die Bädertradition reicht bis in die Zeit der Römer zurück; unterhalb befinden sich römische Badruinen aus dem Jahr 117 n. Chr. Auch Freunde der Kirchenarchitektur werden in Baden-Baden fündig: In der Altstadt steht die Anglikanische Kirche, am Marktplatz finden wir die Stiftskirche St. Peter und Paul – ursprünglich im romanischen Stil errichtet, in der Spätgotik und im Barock umgebaut und ergänzt – und neben der Caracalla Therme befindet sich die im 15. Jahrhundert erbaute Spitalkirche.

Links: Historische Trinkhalle mit Kaiserdenkmal in Baden-Baden.

Beim Ausladen am Mummelsee.

ren Uferseite), dem Museum Frieder Burda, der Kunsthalle, der Trinkhalle und dem **Goetheplatz**, bis wir auf die Lange Straße treffen. Auf ihr geht es weiter Richtung „Baden-Oos" am **Festspielhaus** 14 vorbei, gleich nach ihm links und gleich wieder rechts ab, beim „Holyday Inn-Hotel" links über die Straße, rechts ab Richtung „Baden-Baden West" und auf schönem Alleenweg zum **Bahnhof Baden-Baden** 15.

Wildnispfad am Plättig

Der **Wildnispfad am Plättig** ist eine Besonderheit, die sich so nicht an vielen Stellen finden lässt. Er führt durch eine 70 ha große Waldfläche, die allmählich wieder zur „Wildnis" werden soll. Der Wald wird seit dem Umwerfen vieler Bäume durch Stürme seit einigen Jahren sich selbst überlassen, der Pfad wurde 2006 eingeweiht. Aufgrund dieser Voraussetzungen begegnen einem entlang des Weges viele Hindernisse, in den meisten Fällen umgefallene Bäume. Dadurch ergibt sich für Kinder eine Art großer Abenteuerspielplatz. Der Wildnispfad bietet jedoch auch Naturbegeisterten viel Interessantes, sei es durch eigene Beobachtungen oder durch die am Wegrand platzierten informierenden Schautafeln.

Vom Wanderparkplatz am Plättig (Wildnispfad ist hier ausgeschildert) geht es über die Straße und rund 200 m bergauf zum Beginn des Wildnispfades. Die Streckenlänge beträgt ca. 3,5 km, es gibt zwei Möglichkeiten zur Abkürzung auf 2,8 km. Für die komplette Strecke sollte man ca. drei Stunden einplanen. Für die Begehung ist eine gewisse Ausdauer und Beweglichkeit erforderlich, da sehr häufig liegende Baumstämme über- oder unterquert sowie steile Treppen und Leitern bestiegen werden müssen. Außerdem sollte auch festes Schuhwerk getragen werden.

Radtour vom Hornisgrindeturm über Ruhestein nach Baiersbronn 25

Vom Naturschutzzentrum immer bergab an der Murg entlang

26 km

160 Hm

Vom Hornisgrindeturm über Mummelsee, Seibelseckle, Ruhestein, Obertal und Mitteltal nach Baiersbronn

bis auf eine kleine mittelsteile und ein paar ganz kurze Steigungen leichte Fahrradtour, zumeist auf Forstwegen

Hornisgrindeturm; Mummelsee; Nationalparkzentrum Ruhestein; Seekopf; Rotmurg- und Murgtal; Lehrpfade „Steine erzählen Geschichte"

Grindehütte; Hotel Mummelsee; Seibelseckle; Ruhestein; Baiersbronn mit allen Stadtteilen

Per Fahrrad den Hornisgrindegipfel – mit immerhin 1164 m über NN der höchste Punkt des nördlichen Schwarzwaldes! – zu erklimmen, blieb in früheren Jahren nur hartgesottenen Mountainbike-Freaks vorbehalten. Seit einigen Jahren ist er aber auch allen anderen Radlern zumindest an den Wochenenden zugänglich, denn von Mai bis Oktober verkehrt der Linienbus 423 vom Bahnhof Achern bis zum Hornisgrindeturm mit einem Anhänger für 16 Fahrräder. Da bei schönem Wetter der Andrang groß sein kann, ist es dringend empfehlenswert, sich mindestens 3 Tage vorher im Internet unter www.t1p.de/busgruppe anzumelden (der Verkehrsverbund ist TGO, bei „wichtige Hinweise" Fahrradbeförderung eintragen). Den genauen Fahrplan erhalten Sie unter www.ortenaulinie.de/Startseite/Fahrplan/Regionalbusverkehr.html. Höhepunkte der hier vorgestellten kurzen und aussichtsreichen Radtour, bei der es bis auf wenige Steigungen nur bergab geht, sind der sagenumwobene, leider auch häufig überlaufene Mummelsee, der Seekopf (ab Ruhestein mit Sessellift zu erreichen), das wunderschöne Rotmurgtal und das sehenswerte Nationalparkzentrum Ruhestein, für das man unbedingt einen Besuch einplanen sollte.

Wir fahren von der **Endstation Hornisgrindeturm** 1 auf der Straße hinab zum **Mummelsee** 2 (siehe auch Tour 24), biegen links ab („Ruhestein 7 km"), fahren am Hotel vorbei über den Parkplatz, 100 m parallel zur Straße unterhalb der Mummelseekapelle (sehenswert: die Glasfenster von Emil Wachter), biegen schwach links ab („Radweg Seibelseckle") und radeln bergab zum **Seibelseckle** 3. Hier halten wir uns geradeaus („Zuflucht 20 km"), bleiben bei der nächsten Verzweigung geradeaus und fahren, immer den Radwegzeichen nach, auf aussichtsreichem Höhenweg oberhalb der Schwarzwaldhochstraße, zwischendurch mit einem

kleinen Ab- und Anstieg, zum **Ruhestein** (Einkehrmöglichkeit in der Ruhesteinschänke) 4. Bevor wir weiterfahren, können wir uns einen kleinen Ausflug mit dem Sessellift zum Seekopf hinauf oder einen äußerst lohnenden Besuch des **Nationalparkzentrums** gönnen.

Auf der Schwarzwaldhochstraße halten wir uns links (Wegweiser „Schwarzwald-Radweg"), radeln auf der Straße Richtung Obertal, biegen nach 400 m der Radwegmarkierung folgend scharf rechts ab, bleiben bei der nächsten

Das Nationalparkzentrum am Ruhestein

Der Ruhestein befindet sich auf etwas mehr als 900 Metern Höhe und ist für ein erstes Entdecken des Nationalparks Schwarzwald ein hervorragend geeigneter Ausgangspunkt. Das Nationalparkzentrum Ruhestein beantwortet Fragen aller Art zum Schutzgebiet oder unterstützt mit Tipps für eigene Touren durch den Nationalpark. Zudem gibt es hier eine interaktive Ausstellung zum Wald, ein Kino, Café sowie einen Shop der Touristinfo und kann daher auch länger zum Verweilen genutzt werden. Der Eintritt ist frei (mit Ausnahme des Ausstellungsbesuchs), weitere Infos zu Öffnungszeiten und Preisen finden Sie unter:

www.nationalpark-schwarzwald.de/de/erleben/nationalparkzentrum

INFOS

Freizeitkarte 1:50 000 des LGL-BW, Blätter F503 und F504

Im Internet unter www.ortenaulinie.de/Startseite/Fahrplan/Regionalbusverkehr.html; www.mummelsee.de; www.seibelseckle.de; www.skilift-ruhestein.de; www.nationalpark-schwarzwald.de; www.baiersbronn.de; www.naturbad-mitteltal.de; www.efa-bw.de (Fahrplanauskunft)

ab Karlsruhe Hbf. mit der Regional- oder S-Bahn bis Achern und weiter mit dem Radbus 423 bis Mummelsee oder Hornisgrindeturm; Rückfahrt ab Baiersbronn mit der der Regional- oder S-Bahn

Mummelsee mit Blick auf das Berghotel.

Kreuzung geradeaus, halten uns gleich darauf links und radeln nun immer bergab auf zunächst asphaltiertem, später geschottertem Forstweg (Achtung: Rutschgefahr an steilen Stellen!), nun auch mit blauer Raute markiert und begleitet vom murmelnden Bächlein, durch das landschaftlich wunderschöne obere **Rotmurgtal** 5. Viele Infotafeln des Lehrpfades „Steine erzählen Geschichte" geben uns Einblicke in die Geologie und Geografie des Tales.

Vorbei am Diembrunnen und der Steinhütte treffen wir, nun wieder auf asphaltiertem Weg, auf eine Straße und folgen ihr geradeaus nach **Obertal** 6, wo sich Rotmurg und Rechtmurg zur Murg vereinen. Beim Wirtshaus „Zur Sieberei" geht es rechts ab in die Rotmurgstraße, nach der Furt bzw. Brücke links („Baiersbronn 8,5 km"), dann links über die Rotmurgbrücke, nach der Touristinformation rechts über die Fußgängerbrücke und links Richtung Baiersbronn.

Nach 250 m biegen wir scharf rechts und gleich wieder scharf links ab und folgen den Radwegzeichen auf schönem Uferweg nach **Mitteltal** 7. Beim Campingplatz wechseln wir die Uferseite und fahren am Gelände des Naturbades entlang, wechseln nochmal die Uferseite und gelangen, immer in leichtem Auf und Ab, nach **Baiersbronn**. Wir bleiben geradeaus auf dem Bildstöckleweg, biegen bei dessen Ende links ab in die Forbachstraße, rechts in die Freudenstädter Straße und gelangen über den Bahnübergang zum **Bahnhof** 8. Wer sich noch nicht ausgelastet fühlt, kann gleich nach dem Bahnübergang scharf links den Radwegzeichen auf dem Murgtalradweg bis Klosterreichenbach, Röt, Schwarzenberg oder Schönmünzach folgen (siehe auch Tour 23).

Die Murg im Nordschwarzwald (nicht zu verwechseln mit der Murg des südlichen Schwarzwaldes, die bei der Gemeinde Murg in den Hochrhein mündet)

Das Murgtal ist eines der größten und tiefsten Schwarzwaldtäler und scheidet den niederschlagsreichen nördlichen Hauptkamm mit der 1164 m hohen Hornisgrinde im Westen von waldreichen Buntsandsteinhochflächen, die sich im Osten befinden. Der Name stammt von der Murg, die sich erst nach der Vereinigung in Obertal (Baiersbronn) der beiden Quellflüsse Rote Murg und Weiße Murg so nennt. Sie fließt durch Mitteltal nach Baiersbronn, wo der Forbach in sie mündet. Ab hier verlaufen parallel zum Fluss gemeinsam die B462 und die Murgtalbahn. Meist Richtung Norden passiert sie durch ein breites Wiesental fließend die Gemeinden Klosterreichenbach, Schönmünzach, Forbach, Weisenbach, Hilpertsau, Gernsbach, Gaggenau und Kuppenheim, wo sie zuletzt die Oberrheinische Tiefebene erreicht. Sie umfließt das Zentrum von Rastatt und mündet schließlich nach etwa 72 Kilometern bei Steinmauern in den Rhein.

Baiersbronn

Die Gemeinde Baiersbronn entwickelte sich mit der Besiedlung des oberen Murgtals. Erst im frühen Mittelalter kamen zunächst Holzfäller, die nicht dauerhaft hier siedelten, sondern durch die Gegend zogen und in einfachen Unterständen lebten. Köhler bauten ihre Kohlenmeier auf, verkohlten die umstehenden Bäume und zogen weiter, wenn das erledigt war. Im Bergbau grub man ober- und später auch unterirdisch nach verwertbaren Mineralien, wie beispielsweise Schwerspat oder Kobalt. Eisenerz wurde mithilfe von Holzkohle und Wasserkraft verhüttet und die Glasmacherei produzierte in ihren Hütten sogenanntes grünes Waldglas.

In der Neuzeit kam im letzten Jahrhundert das Tourismusgewerbe so richtig in Fahrt. Schon zu Beginn der 1920er Jahre gab es gehobene Hotels. Als dann ab 1928 mit der nun durchgängigen Murgtalbahn von Freudenstadt über Baiersbronn bis Rastatt das hochgelegene Talende des Murgtals erstmals ohne größere Probleme erreicht und wieder verlassen werden konnte, nahm der Tourismus weiter zu. Die Verwaltungsreform führte zur Eingemeindung der Gemeinden Röt-Schönegründ (1971) sowie der Orte Klosterreichenbach, Huzenbach und Schwarzenberg-Schönmünzach (alle 1974). In jüngster Zeit für die Gemeinde wichtig waren die Einrichtung und Eröffnung des Nationalparks, der zu größten Teilen auf Baiersbronner Gemarkung liegt, durch den baden-württembergischen Landtag 2013/14 sowie die derzeitige Dorfsanierung in Baiersbronn und die Gartenschau im Forbachtal 2025.

Radtour von Freudenstadt über Besenfeld nach Bad Wildbad oder zum Sommerberg

26

Von der alten Weinstraße zum Baumwipfelpfad

↦ 47–53 km
▲ 250–400 Hm

Von Freudenstadt über Besenfeld, Hohloh und Schwarzmiss nach Bad Wildbad bzw. zur Bergstation Sommerberg

mittelschwere Radtour mit vielen kurzen, meist wenig steilen Anstiegen, meist auf befestigten oder asphaltierten Forstwegen

Marktplatz in Freudenstadt; Burgruine Königswart; Riesenrutschbahn Poppeltal; Naturschutzgebiet Kaltenbronn mit Hohlohsee und Wildsee; Hohlohturm; Baumwipfelpfad Sommerberg

Besenfeld; Hotel Sarbacher in Kaltenbronn; je nach Variante Grünhütte und Sommerberg bzw. Poppeltal, Enzklösterle und Bad Wildbad

Die wenig befahrene Route verläuft über den Schwarzwaldhöhenzug östlich des Murgtals. Sie ist etwas anstrengender, aber auch viel einsamer als die allseits bekannte „Tour de Murg“ (siehe auch Tour 23). Die Steigungen sind meist kurz und wenig steil und mit einem guten Tourenrad gut zu bewältigen. Die einfachste Variante führt über Urnagold an der Riesenrutschbahn Poppeltal vorbei durch das Enztal nach Bad Wildbad, sie verläuft allerdings bis Enzklösterle teilweise auf der Straße. Etwas anstrengender, aber landschaftlich reizvoller sind die beiden anderen Varianten durch das Hochmoorgebiet Kaltenbronn. Die Routen sind durchweg gut markiert und leicht zu finden.

Wir fahren vom **Bahnhof Freudenstadt Stadt** 1 aus zweimal rechts über den Bahnübergang und folgen nun bis Besenfeld der Markierung des **Höhenradweges West** („Besenfeld 19 km“, auch gelbe Raute): etwas bergan auf der Karl-von-Hahn-Straße zum Ortsausgang, dann auf Asphalt- und Forstwegen, queren etwas rechts versetzt eine Straße 2, fahren an der „Buschige-Fichte-Hütte“ 3

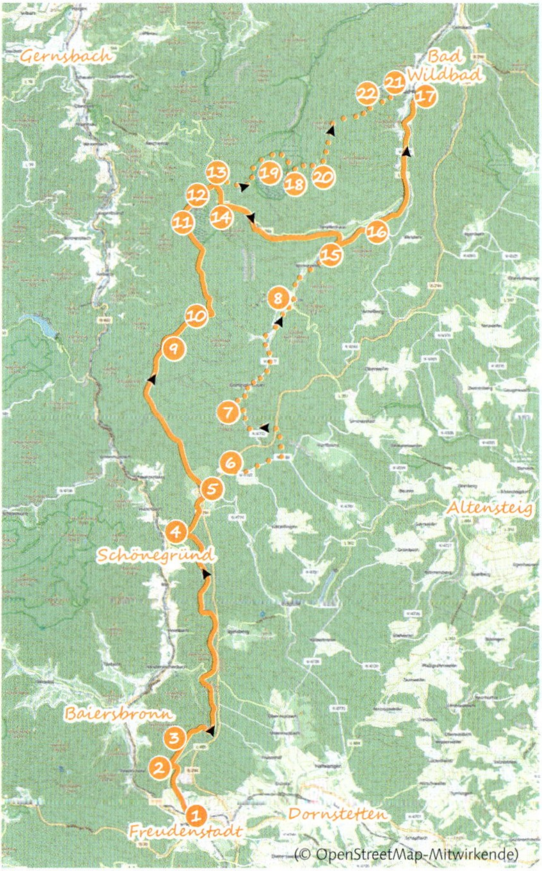

vorbei und folgen immer den Radwegzeichen sowie meist auch der roten Raute des Mittelweges auf schönen Waldwegen immer in leichtem Auf und Ab. Bald kreuzen wir eine Landstraße, streifen die B 294 und radeln auf schönem Panoramaweg an der Burgruine **Königswart** (kurzer Abstecher zu Fuß nach links) 4 vorbei und schließlich auf der Straße nach **Besenfeld.** Wir radeln durch den Ort bis zum Wegweiser 100 m nach der Kirche 5, wo wir uns entscheiden müssen:

1. Variante : geradeaus weiter („Bad Wildbad 28 km") und immer den Zeichen des Panorama-Radweges folgend nach **Urnagold** 6, auf der Kreisstraße Richtung Fünf-

INFOS

Freizeitkarte 1:50 000 des LGL-BW, Blätter F504 und F502

www.freudenstadt.de; www.kaltenbronn.de; www.seewald.eu; www.riesenrutschbahn.de; www.bad-wildbad.de; www.efa-bw.de (Fahrplanauskunft)

ab Karlsruhe Albtalbahnhof mit der S8 oder ab Karlsruhe Hbf. mit dem RE nach Freudenstadt Stadt; Rückfahrt evtl. mit der Sommerbergbahn nach Bad Wildbad, ab Bad Wildbad mit der S-Bahn nach Pforzheim und weiter mit dem IRE nach Karlsruhe

Links: Blick aus der Sommerbergbahn auf Bad Wildbad.

bronn, nach 3 km links ab und abwechselnd auf Forstwegen und der Straße bergab nach **Poppeltal** 7 mit der Riesenrutschbahn, weiter auf der Straße nach **Gompelscheuer** mit dem Enzbrunnen und nun auf dem **Enztalradweg** meist auf oder neben der Straße über **Enzklösterle** 8 nach Nonnenmiß, wo wir auf die andere Talseite wechseln (nun auch mit blauer Raute markiert), Fortsetzung siehePunkt 15.

2. und 3. Variante: wir biegen links ab („Alternativroute Sommerbergbahn") und folgen weiterhin den Zeichen des Höhenradweges West (bald auch wieder Mittelwegmarkierung) aus dem Ort über Wiesen in den Wald und in stetigem Auf und Ab an der Forstrat-Ebert-Hütte vorbei und über den **Schramberg** 9 zur Schutzhütte am **Toten Mann** 10. Hier biegen wir rechts ab (der Mittelweg bleibt hier geradeaus), radeln auf schönem Panoramaweg zur **Prinzenhütte** 11 und immer geradeaus weiter durch das **Naturschutzgebiet „Hohlohsee bei Kaltenbronn"**. Beim nächsten Radwegweiser können wir nach rechts einen Abstecher zum 100 m ent-

Freudenstadt

Höchstgelegene Stadt Württembergs, Endpunkt der Schwarzwaldhochstraße, Deutschlands größter Marktplatz – es gibt etliche Synonyme für Freudenstadt.

Die Geschichte der Stadt begann mit dem Silberbergbau im nahegelegenen Christophstal. Herzog Friedrich I. von Württemberg beauftragte seinen Baumeister Heinrich Schickardt, einen Entwurf für eine Stadtgründung vorzulegen. Dieser plante dann im Stil der Renaissance einen Grundriss, der an ein Mühlebrett erinnerte, mit einer Winkelhakenkirche in der einen und dem Rathaus in der diagonal gegenüberliegenden Ecke. In der Mitte, auf dem großen Marktplatz, war das herzogliche Schloss geplant, doch bevor es gebaut werden konnte, starb der Herzog.

Im April 1945 erlitt Freudenstadt durch starken Beschuss der französischen Armee schwere Schäden, ein Großteil der Innenstadt brannte ab. Nach Kriegsende entschied man sich, die Stadt in starker Anlehnung an das frühere Erscheinungsbild wieder aufzubauen.

Besonders bekannt ist Freudenstadt für den größten Marktplatz Deutschlands mit seinen Arkaden und den 50 Wasserfontänen, die im Sommer besonders den kleinen Besuchern viel Spaß bereiten. Mit über 100 Brunnen in der Innenstadt und den Stadtteilen, dem Skulpturenpfad, Museen und einem vielfältigen Kulturprogramm ist Freudenstadt interessant und erlebenswert. Für das Jahr 2025 ist zusammen mit der Gemeinde Baiersbronn eine Gartenschau geplant.

Riesenrutschbahn Enzklösterle-Poppeltal

Die **Riesenrutschbahn** ist die größte Attraktion des Seewald Freizeitparks Enzklösterle, mit ca. 1500 m Bergauf- und Talfahrt ist die Sommerrodelbahn die längste und rasanteste Rodelbahn Süddeutschlands. Ein großer Schlepplift befördert die Besucher auf die luftige Höhe des Seekopfs, dann geht es über Steilkurven und andere Raffinessen talabwärts.

Das Hochmoor Kaltenbronn und die Hochmoorlandschaft

Das Hochmoor Kaltenbronn lässt sich in seiner Entwicklung etwa 10 000 Jahre zurückverfolgen. Es liegt in einem großen Waldgebiet der Stadt Gernsbach in einer naturbelassenen Landschaft mit Karen und Blockhalden auf über 900 Metern. Seit über 60 Jahren steht es unter Naturschutz. Das Hochmoor umfasst auch den Hohlohsee und den Wildsee. Letzterer ist der größte Hochmoorkolk in Deutschland.

Das Moor auf dem Hochplateau Kaltenbronn entstand am Ende der letzten Eiszeit. Durch wasserundurchlässige Buntsandschichten kam es in Verbindung mit hohen Niederschlägen zu einer Versumpfung – ein Niedermoor entstand. Dass daraus ein Hochmoor (der Begriff hat mit der Höhenlage nichts zu tun) wurde, bedeutet, dass die Torfschicht immer weiterwächst. Mittlerweile ist sie im Hochmoor Kaltenbronn 8 Meter dick.

Im Hochmoor verliert die obere Pflanzenschicht den Anschluss zum Grundwasser. Da nur wenige Pflanzenarten allein mit nährstoffarmem Regenwasser auskommen können, entsteht eine gleichermaßen artenarme wie unverwechselbare Umgebung dieser „Überlebenskünstler". In diesem extremen Lebensraum – nass, kühl, sauer und nährstoffarm – kommen nur wenige „Spezialisten" zurecht: Torfmoose, die Rosmarinheide, das Scheidige Wollgras, die Moosbeere oder die Torf-Mosaikjungfer-Libelle. Das einzigartige Ökosystem kann schon durch kleinste äußere Einflüsse und jeglichen Eintrag nährhaltiger Stoffe verändert werden. Um zum Beispiel den Eintrag von Kalkstaub an den Schuhen zu vermeiden, wurden Bohlenwege angelegt und die Waldwege mit kalkarmem Schotter versehen. Auch das Füttern von Enten oder das Wegwerfen von Essensresten ist verboten.

Der **Hohlohturm** hieß früher Kaiser-Wilhelm-Turm und wurde mehrfach neu- und ausgebaut. Ursprünglich war er 1856 15 Meter hoch und aus Holz erbaut. Der aus Stein errichtete Turm aus dem Jahr 1887 maß dann bereits 20 Meter und wurde 1968 schließlich – wegen der höher gewachsenen Bäume – noch einmal erweitert, sodass er heute 28,6 Meter misst.

fernten **Hohlohturm** 12 machen und fahren dann über den Parkplatz zur Passhöhe **Schwarzmiss** 13.

2. Variante: Wir fahren rechts die Straße hinab nach **Kaltenbronn** 14 (Einkehrmöglichkeit im Hotel Sarbacher), halten uns bei der Bushaltestelle schwach rechts und gleich wieder links und folgen der gelben Raute („Bad Wildbach 16,1 km") bergab durch das Kegeltal zur Enztalstraße 15, die wir etwas links versetzt sowie die **Enz** queren. Ein paar Meter müssen wir das Rad bergan bis zum Querweg schieben und folgen nun der blauen Raute und dem **Enztalradweg** durch das Enztal, bis auf einen kleinen Gegenanstieg bei der **Kälbermühle** 16 meist bergab, nach **Bad Wildbad.** Wir queren zweimal die Straße und folgen den Radwegschildern parallel zur Enz durch den Kurpark zur S-Bahn-Haltestelle **Kurpark** 17.

3. Variante: ab Schwarzmiss geradeaus und weiterhin auf dem Höhenradweg West am Naturschutzgebiet „Wildseemoor bei Wildbad-Kaltenbronn" entlang zur **Weißensteinhütte** 18 (kurz davor kann man nach rechts zu Fuß auf einem Bohlenweg einen lohnenden Abstecher zum **Wildsee** 19 unternehmen) und weiter über die **Grünhütte** 20 (Einkehrmöglichkeit), Lehenbrücke und „Fünf Bäume" zur Bergsta-

Grienhidd

Hinner der e feschde Fahrd
uff die Heeh nuff mid 'm Rad.
Mied e bissle scho dei Dridd
endlich kommsch an selle Hidd,
freisch de uff en Pfannekuche,
zerschd musch awwer
mol e Blädzle suche!

(Michael Köhler)

Beim Toten Mann.

tion der **Sommerbergbahn** 21 (siehe auch Tour 27), die uns hinab nach Bad Wildbad zur S-Bahn-Haltestelle bringt 17. Wer noch genug überschüssige Kräfte hat, kann kurz vor dem Sommerberg noch dem 2014 eröffneten, 1250 m langen **Baumwipfelpfad** 22 mit einem 40 m hohen Aussichtsturm einen Besuch abstatten.

Der Baumwipfelpfad auf dem Sommerberg

Der Sommerberg lässt uns den nördlichen Schwarzwald einmal von oben erleben. Auf 1,2 km Länge klettert, balanciert und läuft man gefahrlos über den Abgrund über mehrere Stationen auf dem Weg zum Aussichtsturm. Dieser Höhepunkt – wortwörtlich: wir befinden uns nun 40 Meter über dem Boden – bietet einen grandiosen Rundumblick über die endlosen Wälder und Täler des Schwarzwalds. Bis dahin kann man über Tier- und Pflanzenwelt des Schwarzwalds so manches erfahren. Wer zum Schluss dann den Puls nochmal in die Höhe treiben möchte, kann mit der 55 Meter langen Tunnelrutsche von der Plattform nach unten zum Ausgang gelangen.

Der Baumwipfelpfad ist barrierefrei und dank der sanften Steigung mühelos für jeden zu bewältigen. Er ist täglich ab 9.30 Uhr geöffnet und schließt im Winter um 16 Uhr, im April und Oktober um 18 Uhr und dazwischen im Sommer um 19 Uhr.

Radtour vom Sommerberg über Grünhütte und Eyachmühle nach Neuenbürg

27

Vom Hochmoor hinab ins liebliche Eyachtal

↦ 31–58 km

▲ 170 Hm

Vom Sommerberg über Grünhütte, Kreuzlehütte und Eyachmühle zur Haltestelle Eyachbrücke bzw. noch weiter bis Neuenbürg oder Pforzheim

leichte Radtour mit einigen kurzen, meist wenig steilen Anstiegen

Naturschutzgebiete Wildseemoor bei Wildbad-Kaltenbronn und Eyachtal; Enztal; Baumwipfelpfad; Neuenbürg (Schloss, Altstadt)

Grünhütte (Mo Ruhetag); Hotel Sarbacher (kurzer Abstecher; Mo/Di Ruhetage); Eyachmühle (Mo/Di Ruhetage); Gasthaus Eyachbrücke; evtl. Neuenbürg und Pforzheim

Die abwechslungsreiche Radtour durch das Wildsee-Hochmoorgebiet und das Eyachtal verläuft durchweg auf Forst- und Wirtschaftswegen, enthält nur ganz kurze und meist wenig steile Anstiege – die Sommerbergbahn nimmt uns fast 300 Höhenmeter Anstieg ab! – und eignet sich deshalb besonders gut als Familientour mit konditionsstarken Kindern. Zwei zünftige Einkehrmöglichkeiten lockern die Tour auf. Landschaftlicher Höhepunkt ist der Wildsee, einer der wenigen Hochmoorseen des Schwarzwaldes, er ist mit einem kurzen Abstecher zu Fuß erreichbar. Ziel ist die S-Bahn-Haltestelle Eyachbrücke, man kann die Tour aber nach Belieben verlängern und auf dem Enztalradweg bis Neuenbürg oder Pforzheim weiterfahren.

Vor der **Bergstation** ① wählen wir den parallel zum Fußweg verlaufenden Radweg („Grünhütte 5,4 km") und folgen den Zeichen des Höhenradweges West am **Baumwipfelpfad** ② vorbei (siehe auch Tour 26), halten uns bei der nächsten Kreuzung schwach links, kurz nach einem Waldspielplatz bei den „Fünf Bäumen" schwach rechts und

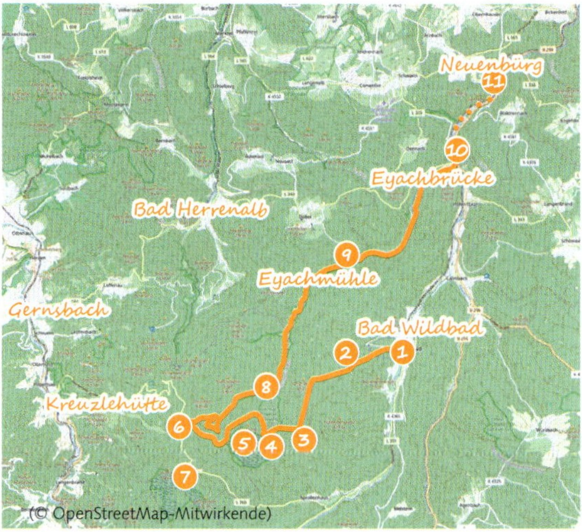

erreichen nach einem kurzen Anstieg die Lehenhütte. Wir biegen links ab und gelangen auf schnurgeradem Weg zur **Grünhütte** 3 (Einkehrmöglichkeit). Weiter geht's Richtung Kaltenbronn nach einem kleinen Anstieg zur **Weißensteinhütte** 4. Ein paar Meter weiter zweigt nach links ein Bohlenweg zum 1 km entfernten **Wildsee** 5 ab. Hier lohnt es sich, die Räder abzustellen und sich zu Fuß den kurzen Abstecher zu dem herrlich gelegenen Hochmoorsee im Naturschutzgebiet Kaltenbronn zu gönnen (siehe auch Tour 26).

Nun weiter den Radwegzeichen folgend radeln wir auf dem breiten und fast ebenen Forstweg weiter in einem Bogen um das Naturschutzgebiet herum und vorbei an einem Aussichtspunkt zur **Kreuzlehütte** 6. Scharf links kann man von hier aus mit einem kurzen Abstecher zum Hotel Sarbacher 7 (Einkehrmöglichkeit) auf der Kaltenbronner Straße gelangen. Wir biegen bei der Hütte rechts ab auf den unmarkierten breiten Schotterweg, halten uns nach 1 km scharf rechts (nun wieder Radwegzeichen), fahren wenig später bei einem kleinen Brunnen links über ein Brückchen und können uns nun auf eine herrliche Genussabfahrt durch das obere **Eyachtal** 8 freuen. Bald gesellt sich das Zeichen „blaue Raute" zu uns. Ihm folgen wir beim nächsten Wegweiser schwach rechts („Eyachmühle 4,5 km") und radeln auf bequemem Talweg hinab zur **Eyachmühle** 9 (Einkehrmöglichkeit). Wer es eilig hat, bleibt geradeaus

INFOS

Freizeitkarte 1:50 000 des LGL-BW, Blatt F502

www.bad-wildbad.de; www.gruenhuette.de; www.eyachmuehle.com; www.neuenbuerg.de; www.hotel-sarbacher.de; www.efa-bw.de (Fahrplanauskunft)

ab Karlsruhe Hbf. mit dem Regionalzug nach Pforzheim und weiter mit der S-Bahn bis Bad Wildbad Uhlandstraße, dann mit der Sommerbergbahn hinauf zur Bergstation; Rückfahrt mit der S-Bahn nach Pforzheim und weiter mit dem Regionalzug nach Karlsruhe

Links: Auf dem Bohlenweg am Wildsee.

Die Sommerbergbahn

Die Sommerbergbahn ist eine der modernsten Seilbahnen Deutschlands und zugleich die höchste Standseilbahn Baden-Württembergs. 2011 komplett-saniert verbindet sie schon seit über einem Jahrhundert den Sommerberg mit Bad Wildbad. An ihrer Bergstation befindet man sich 300 Meter über dem Tal und genießt einen großartigen Ausblick auf den Schwarzwald und die Kurstadt, von der aus man aufgebrochen ist. Dass Radfahrer und Fußgänger in verschiedene Abteile getrennt sind, erhöht die Beförderungsqualität und sorgt für einen angenehmen Warte- und Fahrtbereich für alle. Durch die Sanierung erfolgt die Beförderung auf den Berg bequem und im Bedarfsfall schnell, nur noch die Benennung der beiden Wagen vergegenwärtigen die lange historische Dimension der Bahn. Die Wagen „Königin Charlotte" und „König Wilhelm II." erinnern an den Besuch des württembergischen Königspaares in Wildbad 1910, bei dem sie ebenfalls mit der Bergbahn fuhren, um auf den Sommerberg hinaufzugelangen.

Gasthaus zur „Alte Mühle" bei der Eyachbrücke.

Wildsee

Wollich Flogge hell im Gras
Fedderbäll im Grien
un en See wie dungl Glas
uff dem Insle ziehn

Iwwers Wasser schdroifd de Winn
dun die Birge wiege
Wolgge, wo nur Schleier sinn
dun ins Blau sich schmiege

Drunner fiehrd de schmale Schdeg
durch de sumpfich Gloischder
newwe sellem Bohleweg
gluggse moorich Goischder

(Michael Köhler)

und fährt auf der Talstraße hinab zur Haltestelle **Eyachbrücke** 10.

Kaum weiter, aber schöner ist es, bei der Eyachmühle rechts über die Brücke zu fahren, gleich darauf links abzuzweigen und nun der gelben Raute Richtung „Eyach-

Die Eyachmühle

Der namensgebende Fluss der Eyachmühle wurde 1148 als „Yach" zum ersten Mal urkundlich erwähnt. Der heutige Ortsteil entstand rund um die Mühlen, nämlich die Mahlmühle („Eyachmühle"), die „Lehensägmühle" und die ehemalige Dorfsägmühle von Dobel herum. Die erste Sägemühle an dieser Stelle ist 1423 erstmals genannt worden, es gibt jedoch schon Belege für die Nutzung der Wasserkraft der Eyach aus vorigen Jahrhunderten.

Die Eyachmühle selbst wurde infolge von Veränderungen in der Trinkwasserversorgung aufgegeben. Der Betrieb endete 1894, als die Wasserkraft des Baches für die Pumpstation des Dobler Trinkwassers gebraucht wurde. Die ehemalige Mühle wurde zur Wirtschaft umgebaut und ist seitdem als Gasthaus ein bekanntes Lokal für Ausflüge. Ausgehend von der Eyachmühle kann man Wanderungen und Radtouren in den Wald bis hinauf zum Kaltenbronner Hochmoor oder in das Naturschutzgebiet Eyachtal beginnen.

Gasthaus „Eyachmühle" im Eyachtal.

brücke" auf breitem Forstweg bergab bis zum Enztal zu folgen. Auf dem Talweg biegt man dann links ab und gelangt nach wenigen Metern zum S-Bahn-Haltepunkt **Eyachbrücke** 10. Wer noch weiterfahren möchte, folgt den Radwegzeichen parallel zur Bahnlinie, vorbei an den Haltepunkten Rotenbach und Eisenfurt, zur Haltestelle **Neuenbürg Süd** 11 oder noch weiter auf dem ausgeschilderten Enztalradweg durch Neuenbürg und Birkenfeld zum **Hauptbahnhof Pforzheim**.

Neuenbürg

Knapp 2500 Jahre lässt sich die Geschichte der Stadt Neuenbürg und ihrer Umgebung zurückverfolgen. Schon im 5. Jahrhundert v. Chr. entdeckten die Kelten Brauneisen führende Erzgänge, aus denen sie Eisen gewannen. Es entstand fast schon eine Art „Gewerbegebiet" in der Nähe von Waldrennach, in dem sich etliche Schmelzöfen befanden. Aus dem Eisen wurden Werkzeuge und Waffen hergestellt. Wo die zur Eisenherstellung gehörende Siedlung war, ist bisher noch nicht geklärt.

Sicherlich kamen Menschen in die Gegend als eine neue Burg auf dem 80 m hohen Umlaufberg im Enztal, 12 km südwestlich von Pforzheim, gebaut wurde. Sie siedelten am Fuß des Burgbergs, möglicherweise bei der heutigen Schlossbergschule. Darauf könnte zumindest die Flurbezeichnung „Altenstatt" hindeuten. 1274 wird Neuenbürg erstmalig als Stadt benannt und erhält die typischen Merkmale einer Stadt: Stadtrecht mit Stadtmauer, Marktrecht und eigener Gerichtsbarkeit. Etwa 50 Jahre später gingen sowohl die Burg als auch die Stadt in württembergischen Besitz über.

Heutiges Zentrum der „malerischen Stadt an der Enz" sind die mittelalterlichen Fachwerkhäuser rund um den Marktplatz. Ähnlich pittoresk sind das Enzufer mit Blick auf die ehemalige Flößervorstadt und der Kirchplatz, von dem aus man Spaziergänge in Richtung Schlossberg und zur St. Georgskirche starten kann.

Im Enztal bei Neuenbürg.

Von Nagold durchs Nagoldtal über Calw nach Pforzheim

28

Auf Hermann Hesses Spuren zur Goldstadt

55 km

400 Hm

Von Nagold durchs Nagoldtal über Emmingen, Calw, Hirsau und Bad Liebenzell nach Pforzheim.

recht lange, aber im Allgemeinen wenig anstrengende Tour mit einer längeren Steigung (ca. 1 km), sonst nur mit einigen ganz kurzen, meist wenig steilen Steigungen

Nagold (Marktplatz, Burg Hohennagold); Ruine Waldeck; Wildberg; Schaubergwerk Neubulach; Calw; Klosterruine Hirsau; Burg Liebenzell; Pforzheim (Schmuckmuseum u. a.)

in allen Orten am Wegesrand

Beginnend mit dem Städtchen Nagold mit seiner schmucken Altstadt und der mächtigen Burg säumen unzählige Sehenswürdigkeiten den Nagoldradweg: die wunderschönen Ortskerne von Wildberg und Calw, die Ruine Waldeck, das Besucherbergwerk Neubulach (mit kurzem Abstecher zu erreichen), die mächtige ehemalige Klosteranlage Hirsau, die Burg Liebenzell und last, not least die Goldstadt Pforzheim mit ihrem weit über die Grenzen hinaus bekannten Schmuckmuseum. So sollte man genug Zeit für die vielen Sehenswürdigkeiten einplanen oder die Tour in mehrere Etappen einteilen, was sich leicht machen lässt, da man immer parallel zur Bahnstrecke fährt. Bis auf eine Steigung von ca. 1 km Länge verläuft die landschaftlich abwechslungsreiche Route im Tal und weist nur geringe Höhenunterschiede auf, meist befindet man sich auf Asphalt- oder Schotterwegen abseits der Straße. Auch bei sommerlichem Wetter ist die Tour zu empfehlen: Ein Großteil der Strecke verläuft durch schattigen Wald, und wenn es einem gar zu heiß werden sollte, kann man sich mit einem erfrischenden Bad in der Nagold abkühlen.

Blick auf Bad Liebenzell und Burg Bad Liebenzell.

Vom **Bahnhof Nagold** 1 aus werfen wir einen Blick auf die hoch über dem Ort liegende Ruine **Hohennagold** 2, laufen auf dem Fußweg ein paar Meter hinab, überqueren die Kreuzung, fahren auf der Bahnhofstraße bei der nächsten Ampel rechts in die Marktstraße und auf der B463, bis wir nach 1 km auf die Radwegmarkierung stoßen. Die meist gute Beschilderung des „Heidelberg-Schwarzwald-Bodensee-Radweges", später auch „Nagoldtalweg" genannt, wird uns bis zum Ziel begleiten.

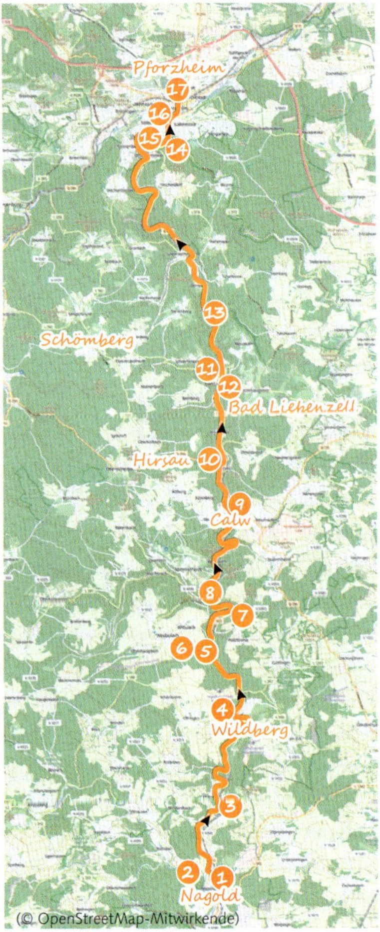

(© OpenStreetMap-Mitwirkende)

Leicht bergan radeln wir nach **Emmingen** 3 und weiter auf der Wildberger Straße, immer in leichtem Auf und Ab, nach **Wildberg** 4. Hoch auf einem steilen Berg liegt der sehenswerte alte Ortskern. Wir umfahren ihn in einem Linksbogen auf der Straße, verlassen die Straße wieder, kommen am Bahnhof vorbei und fahren auf dem schönen, etwas holprigen Uferweg an der Nagold entlang, dann geradeaus weiter durch ein Werksgelände und auf schattigem Weg durch das urwüchsige Flusstal zur **Gaststätte Talmühle** (Einkehrmöglichkeit) 5. Von hier ist mit einem kleinen Abstecher nach links das **Besucherbergwerk Neubulach** 6 zu erreichen. Weiter geht's nach Kohlerstal und nun – etwas anstrengend – ca. 1 km durch den Wald bergauf zu einem Rastplatz. Auch hier lohnt ein kleiner Abstecher, nämlich nach rechts zur herrlich gelegenen **Ruine Waldeck** 7. Wir fahren hinab zur **Bahnstation Bad Teinach-Neubulach** 8, ein Stück auf, dann links neben der Straße an Kentheim vorbei (sehenswert die **St. Candiduskirche)** nach **Calw** 9.

Wir schieben unser Rad, uns immer geradeaus haltend, durch die Fußgängerzone der hervorragend restaurierten Altstadt, statten evtl. der **Nikolauskapelle** oder dem sehenswerten **Hermann-Hesse-Museum** (allerdings bis 2025 wegen Renovierungsarbeiten geschlossen) einen Besuch

INFOS

Freizeitkarte 1:50 000 des LGL-BW, Blatt F502

www.nagold.de; www.wildberg.de; www.calw.de; http://www.kloster hirsau.de/; www.bad-liebenzell.de; www.pforzheim.de; www.efa-bw.de (Fahrplanauskunft)

ab Karlsruhe Hbf. mit dem Zug oder der S-Bahn nach Pforzheim bzw. Horb und weiter mit der Nagoldbahn bis Nagold Bahnhof

Nikolauskapelle in Calw.

Nagold

Am östlichen Schwarzwaldrand, in einer Talweitung beim Zusammenfluss der Waldach mit dem Fluss Nagold, liegt die gleichnamige Stadt. Die Altstadt Nagolds liegt rechts des Flusses, am linken Flussufer liegt der Schlossberg mit der mächtigen Ruine Hohennagold. Bei einem Spaziergang durch das Städtchen gibt es unzählige Sehenswürdigkeiten zu entdecken: die historische Altstadt mit vielen schmucken Fachwerkhäusern, schöne Brunnen, die spätgotische Johanneskirche, der Keltenhügel „Krautbühl" sowie der Zeller-Mörike-Garten. Auch sportliche Aktivitäten lassen sich rund um Nagold problemlos absolvieren: der ambitionierte „7-Berge-Weg" führt einmal rund um die Stadt über die sieben Höhenzüge. Das Nagoldtal kann auf dem Fahrrad entdeckt werden und im Hochseilgarten kann man sein Adrenalinlevel an der Kletterwand, im Hindernisparcours oder auf der Seilbahn wortwörtlich nach oben treiben. Hartgesottene lernen den Wald und die Natur in Survival Camps nochmal ganz anders kennen.

Calw

Das kleine reizvolle Städtchen Calw besitzt eine reiche Kulturgeschichte und hunderte denkmalgeschützte Fachwerkhäuser, die als malerische Innenstadt den einstigen Reichtum bezeugen. Das wohl berühmteste Kind der Stadt ist Hermann Hesse. Der Dichter benannte seine Heimatstadt als „Gerbersau" und beschrieb seine eigenen, hier entstandenen Kindheits- und Jugenderinnerungen im dazugehörigen Erzählzyklus. „Wenn ich als Dichter vom Wald oder vom Fluß, vom Wiesental, vom Kastanienschatten oder Tannenduft spreche, so ist es der Wald um Calw, ist es die Calwer Nagold, sind es die Tannenwälder und die Kastanien von Calw, die gemeint sind …" Hesse schafft für die Leser so einen unnachahmlichen Einblick in die Welt einer schwäbischen Kleinstadt und ihrer Bürger des 20. Jahrhunderts. Die Dinge, von denen er berichtet – Plätze, Straßen, Häuser – sind noch heute sichtbar und für die Stadtbesucher zu entdecken.

Bitte beachten Sie: Das Hermann-Hesse-Museum ist wegen Sanierungs- und Umbaumaßnahmen bis ins Jahr 2025 geschlossen. Alternativ besteht die Möglichkeit, die im Jahr 2021 neu eingerichtete Präsentation über Hermann Hesse im Palais Vischer zu besuchen, die einen Überblick über die Lebensstationen des Dichters sowie sein Schaffen als Maler in seiner Wahlheimat Montagnola vermittelt.

Bäume sind für mich immer die eindringlichsten Prediger gewesen.
Ich verehre sie, wenn sie in Völkern und Familien leben, in Wäldern und Hainen.
Und noch mehr verehre ich sie, wenn sie einzeln stehen.
Sie sind wie Einsame, nicht wie Einsiedler, welche aus irgendeiner Schwäche sich davongestohlen haben, sondern wie große, vereinsamte Menschen wie Beethoven und Nietzsche.
In ihren Wipfeln rauscht die Welt, ihre Wurzeln ruhen im Unendlichen.
Nichts ist heiliger, nichts ist vorbildlicher als ein schöner, starker Baum.
(Hermann Hesse)

Das Kloster Hirsau

Dreimal wurde in Hirsau ein Kloster gegründet. Wann die erste Klostergründung stattfand, ist nicht ganz klar. Möglicherweise erfolgte sie um 830, als die Reliquien des heiligen Aurelius aus Oberitalien hierherkamen. Sie wurden in einem nicht lange bestehenden, kleinen Kloster verehrt. Mitte des 11. Jahrhunderts wurde das Kloster auf den Wunsch des Papstes hin neu gegründet. Das zweite Aureliuskloster, das mit Benediktinermönchen besetzt wurde, entstand ab 1059 über den Fundamenten des Vorgängerbaus und erhielt ein neues Gotteshaus sowie Konventsgebäude.

1069 wurde der legendäre Wilhelm von Hirsau neuer Klosterabt. Mit ihm

begann eine Blütezeit des Klosters. Aufgrund des durch ihn ausgelösten großen Andrangs, war das Kloster bald zu klein, sodass 1082 auf der anderen Flussseite eine dritte Klosteranlage erbaut wurde. Diese wurde den Aposteln Peter und Paul geweiht, das Aureliuskloster wurde ein untergeordnetes Priorat. Wilhelm ging in die Geschichte ein als ein geschickter Kirchenpolitiker: Im Konflikt zwischen Papst Gregor VII. und Kaiser Heinrich IV., der in dem berühmten Gang nach Canossa gipfelte, stritt er auf der Seite Roms und machte Hirsau zu einem wichtigen Vorposten der päpstlichen Partei.

Nach der Reformation wurde das Kloster aufgelöst, 1557 entstand die Klosterschule. Ende des 16. Jahrhunderts ließ der württembergische Herzog Ludwig auf dem Klosterareal ein Schloss im Renaissance-Stil erbauen, das an das Heidelberger Schloss erinnerte. Es wurde bereits 100 Jahre später im Pfälzischen Erbfolgekrieg niedergebrannt. Nur wenige erhaltene Teile sind heutzutage noch zu besichtigen.

Kloschdermaure

Aus'm Lichd sich Maure schäle
iwwerm Daal de Himml klar
Schdoiner kennde der verzeehle
wie's vor Ewich do mol war.

Dräume uff e schdille Weis'
iwwervoll un bilderschwer
von rer ziemlich weide Rois
aus de Zeid bis heid doher.

(Michael Köhler)

Pforzheim

Pforzheim, das ist heute eine vitale Großstadt und Oberzentrum mit fast 130 000 Einwohnern, das bis auf eine alte Römersiedlung zurückgeht. Der Name leitet sich vom lateinischen „portus" = Flusshafen ab. Schließlich liegt die Goldstadt – so der Spitzname für das Zentrum der Deutschen Schmuck- und Uhrenindustrie – am Zusammenfluss dreier Ströme: Enz, Nagold und Würm treffen sich an diesem Ort. Urkundliche Erwähnung nach den Funden aus der Römerzeit findet Pforzheim zum ersten Mal bei König Heinrich IV. im Jahr 1067. In den Kriegen des 17. Jahrhunderts wurde die badische Residenzstadt wiederholt durch französische Truppen zerstört. Im Zweiten Weltkrieg fielen 80 % des Stadtgebiets einem britischen Luftangriff zum Opfer. Nahezu 18 000 Menschen kamen an diesem 23. Februar 1945 ums Leben.

Das heutige Pforzheim lockt mit einem bunten Veranstaltungsprogramm über das ganze Jahr hinweg sowie mit der Goldschmiedemeile und zahlreichen Museen, darunter das Schmuckmuseum. Von Kraichgau und Stromberg umgeben ist die Stadt im Nordschwarzwald ein guter Startpunkt für Schwarzwaldurlauber und Wanderer auf einem der drei Höhenwanderwege (West-, Ost- und Mittelweg), die es seit über 100 Jahren gibt.

Marktplatz in Nagold.

ab, fahren dann am „Kaufland" vorbei, bleiben beim Ortsausgang geradeaus („Pforzheim 22 km") und gelangen wenig später nach Hirsau. Bei den ersten Häusern biegen wir rechts ab und radeln über die Brücke zur Bundesstraße und auf ihr nach links zur nächsten Verzweigung. Wer gleich weiter will, biegt hier rechts ab („Pforzheim 19km"). Hat man genügend Zeit, sollte man sich unbedingt einen Abstecher nach links zur sehenswerten Ruine des ehemaligen **Klosters Hirsau** 10 gönnen.

Weiter geht's in leichtem Auf und Ab auf schönen Wegen, bald mit Blick auf die **Burg Liebenzell** 11, hinab in den Thermalkurort **Bad Liebenzell** 12. Wir fahren vor dem Bahnhof links über die Gleise, sofort wieder rechts und radeln zur Siedlung **Monbachtal** 13, biegen zweimal links ab und fahren auf gemütlichem Talweg unter der imposanten eisernen Eisenbahnbrücke bei Unterreichenbach durch, an einem ehemaligen Steinbruch vorbei und ein Stückchen auf einem Waldweg (gleichzeitig Naturlehrpfad). Bald wechseln wir wieder die Talseite und radeln am Bahnhof **Weißenstein** vorbei, nun immer der Radwegmarkierung „Zentrum" nach, durch Weißenstein, biegen bei der sehenswerten **Bogenbrücke** 14 links ab, werfen einen Blick auf die Burg Rabeneck 15 und fahren, immer parallel zur Nagold, durch **Pforzheim** am

©Tina Block (Stadt Nagold)

Reuchlinhaus 16 vorbei (in ihm das berühmte **Schmuckmuseum)** bis zur Nagoldmündung und gelangen links über die Enzbrücke zum **Hauptbahnhof** 17.

Register

Die fettgedruckte Nummern weisen auf ausführliche Artikel hin.

Impressum / Bildnachweis

Titel:	MIT BAHN UND BIKE
Untertitel:	28 Radtouren in der Region Karlsruhe
Autor:	Michael Erle
Titelbild und Fotos:	Michael Erle
Kartengrundlagen:	OpenStreetMap
Kartengestaltung:	Charmaine Wagenblaß (vr)
Herstellung:	verlag regionalkultur
Satz:	Charmaine Wagenblaß (vr)
Umschlaggestaltung:	Charmaine Wagenblaß (vr)
Korrektorat:	Simon Kleinhanß (vr)

Alle Angaben ohne Gewähr.

ISBN 978-3-95505-459-5

Die Deutsche Nationalbibliothek verzeichnet diese Publikation in der Deutschen Nationalbibliografie; detaillierte bibliografische Daten sind im Internet über http://dnb.dnb.de abrufbar.

Dieses Buch ist auf alterungsbeständigem und säurefreiem Papier (TCF nach ISO 9706) gedruckt entsprechend den Frankfurter Forderungen.

verlag regionalkultur
Ubstadt-Weiher · Heidelberg · Speyer · Stuttgart · Basel
Verlag Regionalkultur GmbH & Co. KG
Bahnhofstraße 2 · D-76698 Ubstadt-Weiher
Tel 07251 36703-0 · Fax 07251 36703-29
E-Mail kontakt@verlag-regionalkultur.de · www.verlag-regionalkultur.de